本书由"铸牢中华民族共同体意识视域下的蒙古族法律文献研究基地"资助出版

民族特色商标法律保护研究
——以内蒙古自治区为例

爱如娜 著

中国政法大学出版社

2024·北京

了民族特色商标法律保护的现状和存在的问题，并有针对性地提出了完善措施，旨在探讨新时代民族特色商标的法律保护路径，以促进民族地区经济社会的高质量发展。

本书首先在导论部分介绍了民族特色商标法律保护的意义及研究现状，说明了本书的研究思路、研究方法、创新之处和存在的不足，并对田野调查点具体情况做了基础性说明。正文从五个部分展开思考和论证。

第一章是民族特色商标法律保护的理论基础。通过整理分析实践中民族特色商标的情况，将民族特色商标界定为带有民族元素的商标。进而阐释了民族特色商标法律保护以民族文化遗产和民族特需品经济的保护为价值取向，以商标权、商标混淆、商标淡化、民族发展构建民族特色商标的理论框架。

第二章是民族特色商标权取得及保护范围。通过民族特色商标权的实质取得要件和程序要件的梳理，从内容和程序考察民族特色商标的法律结构。民族特色商标的取得要符合合法性、显著性、非功能性和在先性要件，通过设计程序保护和申请审查程序取得，以实现对语言文字、民族传统名号、非物质文化遗产的保护。

第三章是民族特色商标法律保护的实证考察。本章以内蒙古作为调查区域，通过系统调研，对内蒙古地区民族特色商标的整体情况进行了分析。同时，从立法、行政和司法的角度考察民族特色商标的保护情况。立法层面，民族特色商标的中央立法以《民法典》和《商标法》为主体，包括保护性规定和不确定规定，地方立法则以内蒙古自治区的立法为考察范围；行政执法方面，主要从行政审查和行政监督两个方面展开，通过具体案例剖析民族特色商标的行政执法现状；司法层面，主要分析了民族特色商标侵权乱象和司法实践中矛盾丛生等现实情况。

第四章是民族特色商标法律保护的困境与成因。通过对法律制度和实践情况的分析，明确了我国民族特色商标法律保护存在立法中缺乏民族文字要素的考量、商标使用中民族文字要素的混淆、地理标志保护和特色商标冲突等困境，其主要成因源自民族文字在商标中的局限性、法律配套制度缺失、商标使用主体的经济利益驱动等方面。

第五章是完善民族特色商标法律保护的建议。基于当前民族特色商标法律保护中存在的问题分析，结合民族法学理论和民族地方实际，有针对性地提出了具体完善建议：一是加强地方配套立法和制度创新。民族自治地方可通过制定单行条例，规范民族特色商标的注册和审查程序。同时创新性地提出要将民族传统名号纳入商标在先权的保护范围，同时将地方行政区划名称和民族地区的地理标志作为民族特色商标的排查范围，加强对民族特色商标的保护。二是通过建立商标注册事先知情同意制度、加强商标中的民族要素审查和民族地方行政部门的监督力度来优化民族特色商标的行政审查程序。三是从司法层面重构民族特色商标侵权的认定标准。分别从商标使用行为、民族文字商标和民族特定符号商标三种类型出发，提出民族特色商标的司法认定标准，为实践操作指明了方向。

限于笔者的个人能力，且民族特色商标的法律保护涉及内容广泛、基层实践也较为复杂，本书在对理论的阐释、调研的广度和深度、完善法律保护措施等方面还有很多需要深入挖掘和研究的地方。这些问题也激励笔者在今后的研究中将更加认真地学习各种研究方法、深入田野实际进行调查，使研究更具民族性和代表性，以期构建更为合理的理论分析框架，更加深入地进行研究。

目 录

前　言 ………………………………………………… 001
导　论 ………………………………………………… 001
 一、选题背景和意义 ………………………………… 001
 二、研究现状及述评 ………………………………… 004
 三、研究思路和结构安排 …………………………… 009
 四、研究方法 ………………………………………… 011
 五、研究区域的选取与介绍 ………………………… 013
 六、研究创新与局限 ………………………………… 018

第一章　民族特色商标法律保护理论基础 ………… 020
 第一节　民族特色商标的界定 ……………………… 020
  一、民族特色商标的现实样态 …………………… 020
  二、民族特色商标的概念界定 …………………… 025
  三、民族特色商标的属性特征 …………………… 027
 第二节　民族特色商标法律保护的价值取向 ……… 031
  一、保护民族权利 ………………………………… 031
  二、保护民族非物质文化遗产 …………………… 033

三、保护民族特需用品经济 ……………………………… 038
第三节　民族特色商标法律保护的法理基础 ……………… 041
一、商标权理论 …………………………………………… 041
二、商标混淆理论 ………………………………………… 043
三、商标淡化理论 ………………………………………… 045
四、民族发展理论 ………………………………………… 048

第二章　民族特色商标权取得及保护范围 …………………… 051
第一节　民族特色商标权取得的实质要件 ………………… 051
一、民族特色商标的合法性 ……………………………… 052
二、民族特色商标的显著性 ……………………………… 053
三、民族特色商标的非功能性 …………………………… 055
四、民族特色商标的在先性 ……………………………… 057
第二节　民族特色商标权的取得程序 ……………………… 060
一、民族特色商标设计程序的保护 ……………………… 060
二、民族特色商标申请审查程序 ………………………… 062
第三节　民族特色商标的保护范围 ………………………… 065
一、民族语言文字 ………………………………………… 065
二、民族传统名号 ………………………………………… 067
三、民族非物质文化遗产 ………………………………… 069

第三章　民族特色商标法律保护的实证考察 ………………… 072
第一节　内蒙古民族特色商标的基本概况 ………………… 073
一、内蒙古民族特色商标分布概览 ……………………… 073
二、民族特色商标的问卷调查分析 ……………………… 078
第二节　民族特色商标的立法保护 ………………………… 084

一、民族特色商标的国家立法保护 …………………… 084

　　二、民族特色商标的地方立法保护 …………………… 091

　第三节　民族特色商标的行政保护 ………………………… 097

　　一、民族特色商标的行政审查 ………………………… 097

　　二、民族特色商标的行政监督 ………………………… 104

　第四节　民族特色商标的司法保护 ………………………… 108

　　一、民族特色商标侵权分析 …………………………… 108

　　二、民族特色商标的司法实践 ………………………… 111

第四章　民族特色商标保护困境与成因 ………………………… 121

　第一节　民族特色商标法律保护的实践困境 ……………… 121

　　一、商标立法中缺乏民族文字要素的考量 …………… 121

　　二、商标使用中民族文字要素的混淆 ………………… 131

　　三、民族地区地理标志与民族特色商标冲突 ………… 137

　第二节　民族特色商标法律保护的困境成因 ……………… 141

　　一、民族文字在商标中的局限性 ……………………… 143

　　二、民族特色商标法律保护配套制度缺失 …………… 157

　　三、商标使用主体的经济利益驱动 …………………… 158

第五章　完善民族特色商标法律保护建议 ……………………… 161

　第一节　民族特色商标配套立法与制度创新 ……………… 161

　　一、民族特色商标的配套立法路径选择 ……………… 161

　　二、民族传统名号纳入商标在先权保护范围 ………… 165

　　三、建立民族特色商标注册与使用的排除范围 ……… 167

　第二节　民族特色商标行政审查程序的优化 ……………… 169

　　一、建立民族特色商标注册事先知情同意制度 ……… 169

二、凸显民族特色商标中的民族要素审查 …………………… 171
　　三、加强民族地方行政部门的监督力度 …………………… 174
　第三节　民族特色商标侵权的司法重构 …………………… 176
　　一、民族特色商标使用行为的认定 ………………………… 176
　　二、民族文字商标侵权的认定 ……………………………… 178
　　三、民族特定符号商标侵权的认定 ………………………… 179
结　语 …………………………………………………………… 182
参考文献 ………………………………………………………… 185
附　录 …………………………………………………………… 195

导 论

一、选题背景和意义

(一) 选题背景

商标是人类创造的一种特殊文化符号,反映了一个民族、社会和时代的文化风貌和心理特征。我国商标的使用历史悠久,商标的设计也形成了一定的民族风格和艺术特色。[1]带有民族语言文字、图腾符号等民族元素的商标是民族地区商业文化的一个重要特征和内容,也是当地民众识别其民族商品的重要依据。随着市场经济的发展、民族交往交流交融程度的增强,民族特色商品在国内外市场广泛流通,带有民族元素商标的"特色"与商标制度的统一性、标准化之间产生了一定冲突,这无论是对民族特色商标所涉及权利、利益的保护,还是对现行商标制度的适用都带来了相应的挑战。

"〔蒙古文〕"案[2]引发了人们对于带有民族文字商标的关注。此案的争议焦点有二:被告在其网站使用"〔蒙古文〕"字样是否属于商标法意义上的使用?被告在其网站使用的"〔蒙古文〕"

---

[1] 徐淑芳:《商标与民族文化》,载《华夏文化》1998年第3期。
[2] 《我区首例侵害蒙古文字商标案宣判》,载 http://www.nmgzf.gov.cn/xwjj/2014-04-28/3397.html,访问日期:2022年4月6日。

是否与原告的注册商标"▢"构成近似？在本案中，被告直接以蒙古文字"ᠮᠣᠩᠺᠧ"作为商标，原告以蒙古文字"ᠮᠣᠩᠺᠧ"+音译汉文"蒙科立"+图形作为商标，法院以两者"发音、构图、结构不相似"判定被告不构成侵权。本案以"构成要素和整体结构"作为审查要件有一定的合理性，但是这种将蒙古文字作为图形要素的审查标准也忽视了文字背后蕴含的含义和用法。上述两种商标在蒙古文中的发音和意义是相同的，在大部分民众的认知中实际难以区分，易造成混淆和误解。而在我国现行商标法律制度下，这种带有民族文字，乃至带有其他民族元素的商标如何实行管理和保护，缺乏完善的法律法规体系和法律实施机制。

2019年4月，《商标法》[1]第四次修改，增加了侵犯商标权的行为，但商标的界定、商标的保护类型继续沿用2013年修改后的《商标法》规定，对于本书所提及民族特色商标的管理和保护没有明确的规定。在现行法律制度无法妥善解决现实问题时，以法律理论和规范为基础，探讨制度的创新和完善是必要的。

(二) 选题价值和意义

民族特色商标是民族地区经济发展的产物，是民族特有的风俗习惯、生产生活方式、图腾、符号、文字等民族元素与商标的有机结合。随着市场经济的快速发展，产业结构升级转型，民族创业项目增加，涌现出一批批民族特色产业。在此过程中，带有民族图腾、文字、符号等元素的民族特色商标也随之增多。商标记录着商品的信息，承载着企业的信誉，反映着企业的文

---

[1] 《商标法》，即《中华人民共和国商标法》。为表述方便，本书中涉及我国法律文件直接使用简称，省去"中华人民共和国"字样，全书统一，后不赘述。

化，在市场经济中发挥着重要作用。我国民族文化丰富多彩，特有的地理环境、生产生活方式衍生出了独具特色、优势鲜明的民族经济形态，民族特色商标就是民族地区特有经济形式和文化内容结合的产物。在统一性、标准化的市场经济下，讨论民族特色商标的法律保护是一个关系民族经济发展和文化保护的课题。基于此，本研究的理论意义和现实意义如下：

1. 理论意义

第一，丰富民族平等、民族权利保障理论。《宪法》第4条第1款确认了我国各民族一律平等的法律地位，申明了各民族使用和发展其语言文字、保持或改革其风俗习惯的自由，规定了国家保障民族经济和文化发展的义务。文化平等是民族平等的主要内容，文化权利是民族权利的主要组成部分。民族特色商标，反映了一个民族的文化风貌和心理特征，是民族经济的重要内容。研究民族特色商标的法律保护有利于丰富民族平等、民族权利保障的理论。

第二，拓展民族立法的研究领域。《宪法》规定了民族自治地方自治机关享有自治立法权，据此可以制定自治条例、单行条例、变通或补充规定。立法是民族特色商标法律保护的基础，而经济制度的统一性和标准化要求探索民族特色商标的立法问题，这有助于拓展民族立法研究领域。

2. 实践意义

第一，规范民族语言文字的使用。文字是商标的重要构成要素。民族特色商标中对于民族文字的使用多是民族文字本身和音译后的文字，尽管后者没有以民族文字本身呈现，但其蕴含的含义实际也构成了文字的重要方面。我国法律法规对于民族文字在商标中使用的形式、审查的标准等都缺乏规定，由此造成商标侵权难以认定等问题，本书的研究将厘清民族文字在商标中的使用规范。

第二，有利于提升民族品牌的竞争力。民族特色商标与民族特色产品密切相关，是"标"与"本"的关系。对民族特色商标的保护，有利于保障民族特色产业的发展，形成民族品牌。进而推动民族地区经济发展，促进区域协调发展。

第三，有利于促进中华优秀传统文化的传承与发展。民族特色商标是民族文字、图腾、符号等文化象征在商标中的应用，展现了一个民族的文化品位，凝聚着民族的文化精神和内涵。规范民族文化象征的使用，对于传承和发展民族文化具有重要意义。

第四，有利于维护消费者的权益。商标是消费者识别、认定产品的重要标识，承载着消费者的选择倾向和信任。民族地区的消费者由于其生长环境、生活和消费习惯，对于民族商品往往怀有浓厚的感情，对民族品牌具有较高的忠诚度。加强民族特色商标法律保护，规范民族特色商标使用，使消费者能够准确认定、识别商品和服务，切实维护消费者合法权益。

二、研究现状及述评

民族特色商标法律保护研究，是以民族特色商标为对象，以法律保护为内容，探讨其中涉及的基础理论、关键性问题。目前专门研究民族特色商标法律保护的成果尚为空白，但是与之相关的研究成果主要集中于商标权、民族传统知识产权、民族传统名号和民族品牌法律保护以及以民族语言文字为视角的民族特色商标保护等方面。

（一）以商标权保护为主题的研究

商标权的研究主要集中在商标权保护现有问题、基础理论的研究。惠梦韬在《商标权的保护分析》（2021年）一文中认为我国商标权的保护中存在对未注册商标保护不足，企业商标权保护意识欠缺，特别是对于绝大部分的中小企业来说，没有形成良好的商标权保护意识，侵权行为处罚力度不够等问题，应结合当下的实际情况采取相应的优化措施，进而起到对商标权侵权行为的有效遏制作用，从而进一步加强商标权保护。冯晓青在《商标权扩张及其利益平衡机制探讨》（2006年）一文中认为商标保护从以防止消费者被混淆的商标原理过渡到以财产为基础的原理。另外，在把商标的保护扩大到包含商标作为产品的价值方面。戴彬在《论商标权的取得与消灭》（2013年）一文中认为商标制度中的核心问题是商标权的取得，而对商标权的取得的认识直接影响到对商标权的保护效果，单纯的注册商标标识并不被认为具备了商标的完整结构，只有实际使用才是商标的生命，才有更好保护的价值。窦祥铭、杜磊在《新时期我国商标权保护若干问题探讨》（2019年）一文中认为商标权的保护应当注重正当性，商标权的保护范围实际上要比商标权本身的权利范围要大得多，不仅包括其积极的权利范围，即在核准范围内使用，也包括消极的权利范围，即禁止他人使用。商标权的保护不同于其他知识产权的保护范围，不同在于，商标权的保护范围不是一成不变的，而是随着商标实际使用中的利益平衡而发生变化。庄喆在《呼唤商标权的强保护》（2020年）一文中认为在司法实践及行政执法实践中，评价商标权是否得到了有效保护、保护力度的强或弱主要看商标法的立法目的是否实现，商标侵权行为的维权是否便利以及对商标侵权行为的处置力度，并以此作为商标权保护程度的评价标准。蔡伟在《商标权保护范围应以其权利基础的正当性为边界》（2019

年）一文中通过实例分析，认为商标权的保护应考虑正当性，如果商标中包含商标法禁止使用的要素，则不应纳入商标权保护的范围。

（二）以民族文化知识产权保护为主题的研究

这类研究的关键是分析当前我国民族传统文化的快速发展的必然性，以及民族传统文化艺术在传统知识产权保护中的利弊权衡。其中具有象征意义的包括：徐家力在《少数民族文化知识产权保护立法研究》（2017年）一文中参照世界各国保护民族文化知识产权的有关法律实际情况，并总结了世界各国传统知识产权与民族文化知识产权之间的比较差异。其认为，传统知识产权的应用不能完全保护民族文化，在此情况下应为保护民族文化的传统知识产权制定专门的立法。张星在《少数民族传统知识权利的内涵与保护模式研究》（2018年）一文中，重点说明了民族传统知识的权利是民族拥有的技术进步和文学创作产业中基于传统知识的发明和创造的权利。这项权利具有民族的特征，并且在权利参与者和内容构成方面具有独特性。其研究国内的传统知识保护模型中，主要有宏观经济政策保护模型、政府核心保护模型、依赖产权改革的保护模型以及独立于知识产权框架的保护模型。在我国民族传统知识保护中，应以公法保护为核心，私法保护为辅助。冯晓青、罗宗奎在《我国少数民族非物质文化遗产保护的知识产权法因应——以内蒙古等少数民族地区为主要考察对象》（2015年）一文中重点讨论了在一个多民族国家中，民族的文化和艺术截然不同，并且从持续发展的趋势和对历史发展继承的角度来看待民族传统文化知识产权的传承的重要性，探讨了保护现有的知识产权困难之处和挑战，基于其研究，尝试更好的民族传统文化的知识产权保护方法。黄晓梅在《浅议蒙古族非物质文化遗产知识产权的保护》（2017年）一文中从保护蒙古族留下的非物质文化遗产的角度出发，把握蒙古族非物质文化遗产的特点和现状，分析知识产权保护问题，明确提出一些知识产权保护对策。上述文献从宏观角度和层面阐述了民族文化知识产权保护的必要性，其中不乏对民族商标领域保护的理论依据。

(三) 以民族传统名号和民族品牌等的法律保护为主题的研究

这一领域的研究从民族文化视角讨论民族文化的知识产权保护。由于商标与民族老字号、民族地理标志、民族品牌等的密切联系，这一部分的研究对于民族特色商标的法律保护研究具有很重要的参考价值。代表性的主要有：严永和在《论我国少数民族传统名号的知识产权保护》（2014年）一文在现行知识产权制度的视角下，界定了民族传统名号的具体范畴，认为民族传统名号应予以知识产权保护，这一领域的保护可以从商业标志制度以及反不正当竞争制度的层面上进行。实现传统名号的切实保护，需结合民族传统名号保护中存在的现实问题，对商业标志制度和反假冒制度进行适当的创新，如将民族传统名号纳入商标注册与使用排除范围并建立事先知情同意制度，实现对民族传统名号的间接保护，如外部社会主体涉及传统名号的商标或者商号注册的应事先获得同意；假冒行为的构成要件中应包含混淆可能性以及损害可能性等。罗静在《少数民族产品地理标志的法律保护研究》（2018年）一文中明确指出，以地理标志形式保护民族产品可以促进和提高民族产品的品牌知名度，保护知识产权，促进民族经济发展，推动生产力，有利于民族经济的发展和经济权利的维护。研究民族产品地理标志的法律保护，对于民族地区的稳定和维护国家的和平统一有着重要的理论和实践价值。余澜、皮林在《少数民族老字号法律保护问题探析》（2012年）一文中提出应以知识产权对民族老字号有关利益进行保护。民族老字号的法律保护是国家推进品牌战略促进自主创新的一项重要任务，对于培育和发展民族品牌竞争力和弘扬民族文化有着重要的意义，同时也有利于权利人创造巨大的经济利益。

（四）以蒙古语言文字为视角的民族特色商标法律保护为主题的研究

这一类的研究在汉语的文献中几乎是空白，蒙古族文化法律保护视角的研究也甚少。在蒙古语文献中虽有一些涉及蒙古语的商标相关的文献，但都集中在商标的蒙古语翻译规则与方法、牌匾中的蒙古语翻译、商业标识蒙古语言文字使用中存在的问题等视角的分析。以民族特色商标法律保护的视角，从蒙古族民族特色商标含义界定、类型归纳、问题审视、保护路径乃至原创语境的商标的申请、注册使用等方面的研究著作和论文处于空白。商标的蒙古语翻译规则与方法、牌匾中的蒙古语翻译、商业标识蒙古语言文字使用方面的成果主要有：金玲在《商标蒙古语翻译的规则与方法》（蒙古语）（2016年）一文中提出随着改革开放的深入，中国的对外贸易日渐增多，商标翻译中存在的问题也日益呈现。如何在商标中体现民族特色、民族价值观念与美感相结合具有一定的民族文化内涵，是商标蒙古语翻译中重要的内容。该文在对商标的汉语意思及特性准确把握的基础上，研究探讨了关于蒙古语翻译的基本原则和使用方式。关图雅在《牌匾中的蒙古语翻译与蒙古语言文字使用中存在的问题》（蒙古语）（2012年）一文中，主要以实地调查的方法列举了以科尔沁地区为中心的蒙古语牌匾中存在的不规范现象，提出纠正举措的同时强调了蒙古语言文字规范使用的必要性。

三、研究思路和结构安排

本书通过对我国民族地区的民族商标加以收集、整理，结合民族地区经济发展的实际需求，归纳、分析我国民族地区的民族特色商标保护存在的法律问题，进而提出针对性建议。由是，全书共分为六个部分展开思考和论证。

本书首先在导论部分介绍了民族特色商标法律保护的意义及研究现状，说明了本书的研究思路、研究方法、创新之处和存在的不足，并对田野调查点具体情况做了基础性说明。正文从五个部分展开思考和论证。

第一章是民族特色商标法律保护的理论基础。通过整理分析实践中民族商标的情况，将民族特色商标界定为带有民族元素的商标。进而阐释了民族特色商标法律保护以民族文化遗产和民族特需品经济的保护为价值取向，以商标权、商标混淆、商标淡化、民族发展构建民族特色商标的理论框架。

第二章是民族特色商标权取得及保护范围。通过民族特色商标权的实质取得要件和程序要件的梳理，从内容和程序考察民族特色商标的法律结构。民族特色商标的取得要符合合法性、显著性、非功能性和在先性要件，通过设计程序保护和申请审查程序取得，以实现对语言文字、民族传统名号、非物质文化遗产的保护。

第三章是民族特色商标法律保护的实证考察。本章以内蒙古作为调查区域，通过系统调研，对内蒙古地区民族特色商标的整体情况进行了分析。同时，从立法、行政和司法的角度考察民族特色商标的保护情况。立法层面，民族特色商标的中央立法以《民法典》和《商标法》为主体，包括保护性规定和不确定规定，地方立法则以内蒙古自治区的立法为考察范围；行政执法方面，主要从行政审查和行政监督展开，通过具体案例剖析民族特色商标的行政执法现状；司法层面，主要分析了民族特色商标侵权乱象和司法实践中矛盾丛生等现实情况。

第四章是民族特色商标法律保护的困境与成因。通过对法律制度和实践情况的分析，明确了我国民族特色商标法律保护存在立法中缺乏民族文字要素的考量、商标使用中民族文字要素的混淆、地理标志保护和特色商标冲突等困境，其主要成因源自民族文字在商标中的局限性、法律配套制度缺失、商标使用主体的经济利益驱动等方面。

第五章是完善民族特色商标法律保护的建议。基于当前民族特色商标法律保护中存在的问题分析，结合民族法学理论和民族地方实际，有针对性地提出了具体完善建议：一是加强地方配套立法和制度创新。民族自治地方可通过制定单行条例，规范民族特色商标的注册和审查程序。同时创新性地提出要将民族传统名号纳入商标在先权的保护范围，将地方行政区划名称和民族地区的地理标志作为民族特色商标的排查范围，加强对民族特色商标的保护。二是通过建立商标注册事先知情同意制度、加强商标中的民族要素审查和民族地方行政部门的监督力度来优化民族特色商标的行政审查程序。三是从司法层面重构民族特色商标侵权的认定标准。分别从商标使用行为、民族文字商标和民族特定符号商标三种类型出发，提出民族特色商标的司法认定标准，为实践操作指明了方向。

四、研究方法

本书主要采取了文献分析法、比较研究法和田野调查法、问卷调查法等研究方法。

（一）文献分析法

文献分析法是社会学科进行研究经常运用的研究方法之一，是社会学科研究的基础和前提，从研究的具体方向到研究选题，从结构安排、具体框架到写作过程，文献分析整理都应有序开展。笔者在研究的方向以及选题方面，对民族特色商标有关的现有的文献资料进行了系统的梳理、归纳和分析，把握和了解了当前关于民族特色商标有关的研究动态和前沿问题，了解了与此相关领域的研究现状，在此基础上，结合自己的研究视角和研究区域选出了具有研究意义和价值的选题。在选题确定之后，对民族特色商标法律保护相关领域研究动态予以梳理、思考，文献梳理和分析工作是后续写作效率和质量的前提和保障。

（二）比较分析方法

比较分析法包括横向比较和纵向比较。横向方面，本书对比分析国内各地区的合理做法，为我国民族特色商标法律保护路径选择提供借鉴，结合我国民族地区的实际提出建构民族特色商标法律保护的路径举措。纵向方面，主要体现在对民族特色商标法律保护的历史研究上。具体有两个方面：其一，民族特色商标本身的发展和演变决定了必须采用历史发展的眼光看民族特色商标发展的过程，从而能够更好地把握民族特色商标与中华文化建设的密切关系；其二，民族文化在不断发展，随着社会的变迁和发展，民族特色商标的样态可能仍会变化，我们需要正确认识和看待民族文化的发展和变迁及其随之带来的民族特色商标的变化。

(三) 田野调查法

田野调查是民族法学研究的主要方法之一，也是基础方法之一。田野调查是在实际中了解真实情况、获取真实资料的研究方法。首先，田野调查法特别要注意深入民族地区的自然生活中参与观察。民族地区特色商标离不开民族地区生活习惯，要深入其中了解民族地区生活习惯和特性，带着问题进行细致观察，身临其境地感受当地文化和生活习性，在切身感受和体会的基础上去分析民族地区特色商标的构成因素。只有深入到民族地区，才可能剖析出民族地区特色商标形成的根源。笔者调查的地点是出生长大的地方，有非常好的地缘优势，由于自身也是蒙古族，母语是蒙古语，沟通和查阅材料非常便利。所以在原有的理解和感受的基础上，结合这一次的写作目的可以深入家乡较多地区展开调查思考，为后续的研究夯实基础。其次，基于文献分析和文本分析，笔者找出与民族特色商标有关的诉讼进行分析，从文献、文本到田野之中，深入典型示例进行访谈和调查，关注商标申请人、商标代理、亲朋好友、判案法官、工商统计工作人员等多元身份主体对涉有民族元素商标的认识和思考，从而剖析出民族地区民族特色商标形成及保护困境的深层次原因，深入了解其中存在的法律问题与社会问题，以提出有效的民族特色商标的法律保护建议。

(四) 问卷调查法

民族法学是民族学与法学相结合的研究，因此在研究方法上既重视民族法学研究方法，又采用法学的研究模式，但从调查的普遍性和优势出发，无论是民族学的研究方法还是法学的研究方法，都离不开问卷调查方法。问卷调查法的优点在于便于统计、量化,也可以避免被调查者受外界干扰,从而真实地表达自己的选择,结果真实、客观。为了反映出民族商标的真实状态,笔者结合民族特色商标相关的主要问题展开调查。笔者主要考虑商标本身的特点,将调查对象集中在具有一定的经营经验且已经注册商标或有申请商标意向的人群,由于线上问卷调查的便利性,问卷范围在锡林郭勒盟地区以外,笔者专门走访当地蒙古族较集中的商圈,进行了一一走访,发放问卷,共收集了140份有效调查问卷。对商标设计、注册使用,商标构成要素的选择及经营特性等方面有了一定的了解,对于民族特色商标的基本样态的了解和掌握具有积极意义。

五、研究区域的选取与介绍

(一) 研究区域的选取

本研究选定内蒙古自治区作为调研区域,选取锡林郭勒盟、兴安盟、通辽市、乌兰察布市等地区的民族特色商标作为调研对象,主要基于以下几方面考虑:

第一,内蒙古自治区是以蒙古族为主体、汉族占多数的民族区域自治地方,是我国蒙古族的主要聚居地,全区范围内蒙古族人口有 4 691 850 人,是全国蒙古族最为聚集的地区,其中锡林郭勒盟、呼伦贝尔市等地区的农村牧区仍保留着传统的牧业经济和生产生活方式,文化特色比较明显,基本上可以代表蒙古族传统生活方式和经济发展布局。以此作为调查区域具有较强的代表性。

第二,内蒙古作为祖国北部边疆地区,认真贯彻落实民族区域自治制度,各民族共同繁荣发展,创造出具有民族特点和地区特色的发展经验。积极帮助民族发展经济,重视发展民族文化教育事业，不断提高民族地区及人员的科技水平，着力培养选用优秀民族干部、尊重和发展民族语言文字，尊重民族风俗习惯和宗教信仰。内蒙古是民族区域自治制度的发源之地，内蒙古的发展历程是民族区域自治制度在社会主义中国的成功实践，具有很好的代表性。

第三，内蒙古历史悠久，民族传统文化浓厚。文献记载和考古资料表明，战国时代，内蒙古高原已成为北方民族从事畜牧业生产和游牧生活的主要场所，逐步形成了有别于农耕文化的游牧文化。内蒙古草原文化是多民族文化的集合体，这一特定历史时期的地域文化是由匈奴、东胡及华夏族等民族共同创造的，北方游牧民族一般以畜牧业为主，兼有作为经济补充和练兵功能的狩猎业、与畜牧业关系密切的手工业和商业，社会实行部落制，有独特的习惯法、婚俗和葬俗。内蒙古草原文化具有民族性、时代性、区域性和历史延续性。

第四，内蒙古民族特色产品样态典型。近年来，随着市场经济的发展、社会发展水平及对外开放水平大大提高，市场经济所产生的价值观和文化观也渗透到民族的生产生活中。随着生活生产方式的不断演进，该地区融入现代生活的传统特色产品层出不穷。因此，体现产品特色的标记——商标也变得尤为重要，人们依此对同类产品予以区别、比较、鉴定和记忆，在市场经济中赢得自己的一席之地。由于民族特色文化和艺术伴随着历史实践的传承和时间的流逝，这就造成了其经济价值的增值。中华民族传统手工艺品所包含的丰富多彩的文化符号，已成为生产和制造文化产品商标的原材料。其大规模的维护和开发设计具有广阔的产业发展前景，其文化艺术产品形式也能让用户更好地参与和消费。[1]

第五,笔者田野调查的便利性。笔者系蒙古族,生长于内蒙古锡林郭勒盟,通用语言为蒙汉双语。蒙古族的民族身份,使得笔者对该区域的观念传统、民族文化、风俗习惯、经济结构模式等有一定的了解。蒙汉双语的语言条件,有助于开展调研访谈。生长生活于这一地区,亲戚朋友大都是蒙古族,有比较广泛的群众基础。尤其是,有一些朋友自主创业,对于商标注册、民族商品有比较切身的实践经验;有一些朋友从事法律服务业,对于商标保护中的争议比较了解。这些得天独厚的条件,为笔者在内蒙古开展田野调查提供了极大的便利。

(二) 选取区域介绍

内蒙古位于祖国北部边疆,由东北向西南斜伸,呈狭长形,东西长 2400 多公里,南北最大跨度 1700 多公里,总面积 118.3 万平方公里,占全国总面积的 12.3%,占全国陆地面积的 1/8,在各省区市中居第 3 位。横跨东北、华北、西北地区,内与黑龙江、吉林、辽宁、河北、山西、陕西、宁夏、甘肃 8 个省区相邻,外与俄罗斯、蒙古国接壤,边境线 4200 多公里。地貌以高原为主,大部分地区海拔在 1000 米以上,东部是茫茫的大兴安岭林海,南部是富饶的嫩江两岸平原、西辽河平原和河套平原,西部是浩瀚的腾格里、巴丹吉林和乌兰布和沙漠,北部是辽阔的呼伦贝尔、锡林郭勒草原。气温属温带大陆性季风气候,夏季气温在 25℃ 左右,冬季中西部最低气温 -20℃,东部林区最低气温可达到 -50℃。

内蒙古是一个多民族边疆省份,自古以来就是众多民族生

---

[1] 丁智才:《民族地区少数民族特色文化产业发展研究》,载《广西民族研究》2014 年第 6 期。

息繁衍之地。在内蒙古广袤的土地上，生活着蒙古族、汉族、满族、回族、达斡尔族、鄂温克族、鄂伦春族、朝鲜族等 55 个民族。根据 2019 年人口普查数据，全区常住人口 25 395 600 人，全区汉族人口 18 773 216 人，占全区人口的 76.87%，民族人口 6 622 384 人，占全区人口的 23.13%，其中蒙古族人口 4 691 850 人，占全区人口的 19.21%，回族人口 217 359 人、满族人口 562 132 人、朝鲜族人口 22 593 人、达斡尔族人口 86 632 人、鄂温克族人口 33 015 人、鄂伦春族人口 4778 人。内蒙古自治区现设呼和浩特市、包头市、赤峰市、乌海市、呼伦贝尔市、兴安盟、通辽市、赤峰市、锡林郭勒盟、乌兰察布市、鄂尔多斯市、巴彦淖尔市、阿拉善盟等 9 个盟市及满洲里、二连浩特市 2 个计划单列市，首府为呼和浩特市，全区共有 102 个旗县（市区），其中 52 个旗、17 个县、11 个县级市、22 个市辖区；牧区旗县 33 个，半牧区旗县 21 个。

内蒙古自治区是以蒙古族为主体，汉族占多数的民族区域自治地方，是我国民族区域自治制度的发源地。1947 年 5 月 1 日内蒙古自治区政府在王爷庙（现兴安盟乌兰浩特市）成立，是我国最早成立的自治区。自治区人民代表大会及其常务委员会、自治区政府是自治机关，行使自治权。自治区人民代表大会人民代表的选举，根据民族构成的实际情况来进行。自治区主席由蒙古族公民担任，在自治区的各级机关中合理配备一定数量的少数民族干部。民族语言文字受法律保护，通用蒙、汉两种语言和文字。自治区其他民族聚居地依法建立了鄂伦春族自治旗、鄂温克族自治旗、莫力达瓦达斡尔族自治旗 3 个县级自治地方和 17 个民族乡、1 个民族苏木。

内蒙古历史悠久，是中华文明的发祥地之一。在漫漫历史长河中,草原文明与农耕文明交汇融合,形成了举世闻名的红山文化、大窑文化、萨拉乌苏文化、夏家店文化、扎赉诺尔文化。作为中国古代北方民族的主要活动舞台,文献中有记载的曾在内蒙古地区活动的游牧部族有10个,其中时间较长、影响较大的有匈奴、鲜卑、突厥、乌桓、契丹、女真等。12世纪蒙古族兴起于额尔古纳河流域,成吉思汗统一蒙古各部,之后不断壮大。成吉思汗之孙忽必烈建立全国统一政权元朝。20世纪20年代,内蒙古各族人民在中国共产党的领导下,积极投身反封建反侵略斗争,走上了民族自治道路。

草原人民热情好客,能歌善舞,草原风情独具魅力。烤全羊是蒙古族款待贵宾的传统礼仪,手把肉是蒙古族传统的肉食方法之一,蒙古包是蒙古族的传统住房,蒙古袍是蒙古族传统的服饰。蒙古族歌舞以长调、呼麦、安代舞和筷子舞而闻名,马头琴是蒙古族钟爱的乐器。那达慕大会是蒙古、鄂温克、达斡尔等民族的盛大集会,男子射箭、赛马和摔跤是比赛的固定形式。蒙古族等民族每逢贵客来临、敬神祭祖、婚嫁节庆等重要场合,都要献哈达来表达自己的诚意和美好祝愿,以祭敖包的形式来表达对高山的崇拜、对神灵的祈祷。随着经济社会发展,内蒙古地区也出现了鄂尔多斯、伊利、蒙牛、草原兴发、小肥羊、北方重工、北奔、特仑苏等74件中国驰名商标和武川土豆、托县辣椒、呼伦贝尔黑木耳通辽牛肉干、阿巴嘎乌冉克羊、额吉淖尔大青盐等51件已注册地理标志商标。

六、研究创新与局限

（一）研究创新

1. 研究方法的创新

民族特色商标法律保护涉及了法学、民族学、经济学、符号学等不同学科的知识，跨学科研究是本书的主要论证方法。具体来说，作者通过田野调查对民族特色商标现实状况进行实证调研，如走访调研地的各级工商局、商圈、博物馆、拜访收藏家，收集各类民族特色商标图片，与商标持有人进行面对面或电话访谈，发放调查问卷了解民族群众对商标的认知等；通过检索法律裁判文书网，搜集整理有关民族特色商标的诉讼；通过文献分析，充分掌握有关民族特色商标保护的理论。在此基础上，运用多学科的理论和学说，对实证材料进行分析，对相关问题展开论证，全面、具体分析民族特色商标法律保护的困境及成因，进而提出更加有效的建议和对策。

2. 研究视角的创新

民族特色商标问题一直是商标保护制度中的遗留地带。本研究将视角投入民族地区的民族特色商标，对民族特色商标的形成、特性、保护困境、成因等做了较为全面细致的梳理和分析。民族特色商标的保护困境，并不是只存在于审查环节，而是存在于商标意识、设计、申请的每一环，法律保护的对策建议要综合考虑各项因素，充分结合民族地区民族特色商标的现实情况。

3. 研究内容的创新

一是首次完成了民族特色商标注册使用情况的整理。作者收集整理了早期的民族特色商标、目前注册使用的民族特色商标、使用中但未注册的民族特色商标,归纳、比较、分析了这些商标设计、申请、注册环节中存在的问题。二是首次从商标合法性的视角,对民族特色商标中存在的"擦边球"现象,即对商标法在民族地区适用过程中存在的保护困境做了梳理,规范分析了民族特色商标中存在的缺乏实质性要件等现象。三是从民族文字的视角,具体分析了民族特色商标中的民族文字要素的适用情形。对以民族文字为元素的民族特色商标审查采取图形形式审查,难以避免实际消费中商标混淆,作者从商标申请者、商标代理机构、当地工商行政管理部门等角度提出了预防机制。

(二) 研究局限

一是,民族地区民族特色商标涉及理论知识广泛、实际情况复杂,需要多学科理论和研究方法交叉使用,方可拓宽深度和广度。由于笔者专业的限制,对经济学、统计学等其他学科的理论知识和研究方法的认识和掌握尚不充分,在研究应用中存在局限性。二是,作者在充分考虑时间、精力、语言等条件下,选择了蒙古族较为集中的内蒙古自治区作为田野调查点,采用实地走访、发放调查问卷、电话访问的形式开展实证研究。这种研究方法能够发现地域性、具体性问题,但是在代表性和典型性方面可能存在些许欠缺。

第一章
民族特色商标法律保护理论基础

第一节 民族特色商标的界定

一、民族特色商标的现实样态

商标是生产者、经营者在进行产品制造或者服务提供中用以表明其商品或服务来源的标志，主要以文字、图形、颜色等元素及其组合来体现。它不仅是消费者识别商品或服务的重要标识，同时还承载着消费者对于一项商品或服务的特性或质量的要求或期待。商标在我国的使用可以追溯到古代社会，早期古代工匠就在其手工艺品印上自己的签名或做特殊"标记"，以表明该手工艺品的来源。随着商品经济的发展，商标的使用也不断规范化，逐渐以法律法规的形式确立商标申请注册或者使用规则。

民族地区由于其独特的地理位置、自然环境，以及历史沉积下来的独特文化，形成了一批特色鲜明、民族风格浓郁的民族产品。[1]这些产品同时伴随着对民族特色商标的使用。民族特色商标的使用增强了产品的民族性，巩固了产品的民族文化、

---

[1] 余澜、皮林：《少数民族老字号法律保护问题探析》，载《湖北民族学院学报（哲学社会科学版）》2012年第3期。

历史传统和自然地理特征，进而不断衍生出更多独特的民族商品或服务。民族特色的商标不仅是一个商品或者服务的标志，更彰显了一个民族的传统文化特点。在国家实行的一系列针对民族地区或民族扶持或优惠政策下，当前民族地区经济社会的快速发展，民族特色产品不断涌现，民族特色商标也逐渐增多。目前，民族地区的民族特色商标主要有以下几种类型：

(一) 民族文字商标

文字商标是使用最多的一种商标类型。它具有确立表达意义、易于记忆等优点。文字商标也是最能彰显民族特色、使用最为广泛的一种民族特色商标，但是由于语言文字使用范围的区域性，文字商标在其他区域不易被准确识别。文字商标不仅在国外不容易被识别，在一个存在多种语言的多民族国家内同样难以识别。基于语言文字的区域限制性，文字商标除了使用文字作为基本元素外，通常还需要添加其他文本描述以方便识别。有些商标是由具有一般意义的词语和句子组成，也有些是由无意义的创意词汇组成，还可以是由两个或两个以上具有特定含义的词汇简单地拼接而成。

随着我国市场经济的快速发展，无论是企业还是消费者的商标意识都越来越强，商标市场的竞争越来越激烈。商标不仅是产品的标志，而且是文化和艺术的反映。中国制造产品中使用的商标大都带有中华民族文化或语言文字的烙印，这在民族产品中尤为显著。大部分民族产品上标有反映产品独特特征的民族文字，凸显民族特色和地域特色。商标的一个重要功能是消费者可以通过该标识，认识和接受商品或者服务提供者的身份。在某种意义上，商标是市场经济主体的身份标志。在民族地区，商标的这一特性使得具备使用和掌握民族语言文字的市场经济主体，大都选择使用标注有民族文字的商标，充分体现自己民族特性和市场优势。

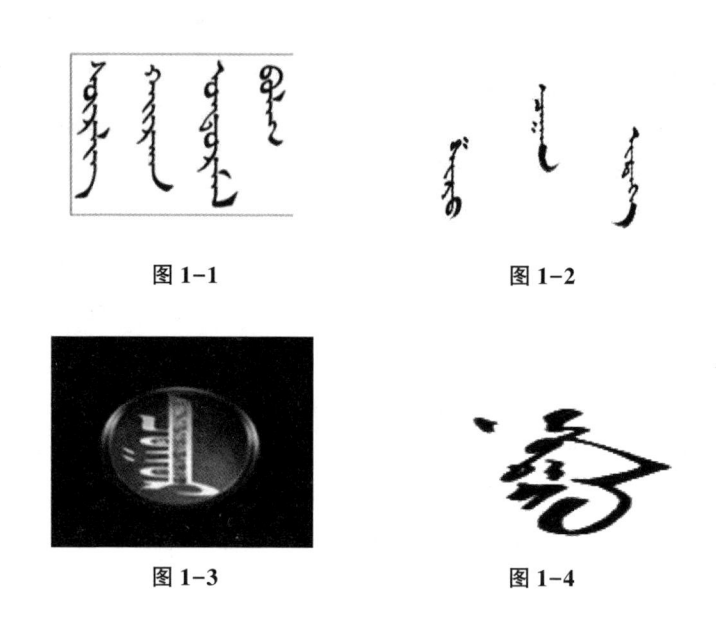

图 1-1

图 1-2

图 1-3

图 1-4

（二）民族图形、图腾商标

商标是企业品牌的一个重要组成部分。商标以企业文化为核心，就其实质而言，代表销售者、经营者的价值意识，反映民族价值观或公司文化，定位产品的特性及用户群体范围。在民族地区，还有一部分商标是以代表民族群众情感及崇尚的图形、图腾为元素的，其背后蕴含着民族的价值信仰以及企业文化，表现出强烈的地域或民族文化倾向。也正是由于民族图形、图腾商标的文化特性，使得使用此类商标的产品能够在某些群体或者地域获得广泛认可。民族图形、图腾商标更能与消费者产生共鸣，形成品牌意识，从而推动企业的发展、增强企业竞争力。

图形是商标组成的主要构成要素之一，民族地区的大部分图形商标会结合产品的特点设计。产品特色决定了商标的图形特色，即民族特色产品在一定程度上决定了民族特色商标的图形类别，例如蒙古包图形、五畜图形、勒勒车等。图腾则是一种带有一定寓意的图形，它反映了民族的原生宗教信仰、自然崇拜，例如图中的苏鲁锭（图1-6）、祭火器具（图1-7）。带有民族色彩图形、图腾与民族文字元素形成组合商标的例子也比较普遍，如图1-5。

图 1-5

图 1-6

图 1-7

图 1-8

（三）民族地理标志商标

地理标志是一种无形财产，具有知识产权保护价值。世界贸易组织《与贸易有关的知识产权协议》（TRIPs）第 22 条指明："地理标志是识别某一商品来自一成员的领土或该领土内一个地区或地方的标志，该商品的质量、声誉或其他特征主要归于其自然地理产地。"[1]我国2019年修正的《商标法》，继续沿用了最初对于地理标志的定义，"地理标志，是指标示某商品来源于某地区，该商品的特定质量、信誉或者其他特征，主要由该地区的自然因素或者人文因素所决定的标志"。地域性的自然与人文因素是地理标志的决定性因素。地理标志必须具有产品原产地域特有的性质，体现该地区的自然与人文特点。

由于地理标志代表着产品的原产地、质量以及其他自然和人文的信息，在实践中时常被作为商标申请注册。而地理标志作为商标申请注册需要符合一定规则，根据我国《商标法》的规定，除了作为集体商标、证明商标，县级以上行政区划的地名不可以做商标。而以地理标志做商标的现象在民族地区非常普遍，在使用上也乱象丛生。

纵观我国民族地区现有的商标使用情况，尤其是带有民族文字、图形、图腾或地理标志的商标不仅仅是一种表明产品"身份"的普通标识，而是与当地风俗、行为崇拜及民族文化紧密融合在一起，形成了一种风格鲜明的特色商标。然而，因民族文字、图腾、图形、地理标志等的特殊性，又使这一类商标具有了边缘化的特点，在普遍性和一般性的商标管理和监督制度下，在使用和申请注册等环节存在诸多近似、混淆等现象。

---

[1] TRIPS Agreement, WTO | intellectual property (TRIPS) - https://www.wto.org/english/docs_e/legal_e/31bis_trips_01_e.htm, as amended on 23 January 2017.

图 1-9　　　　　　　　　　图 1-10

图 1-11　　　　　　　　　图 1-12

二、民族特色商标的概念界定

民族特色商标的概念在学术界尚无确切的定义,甚至可以说是一个空白领域。而与之相关的民族特色产业、产品等内容的研究,也只是基于其现实样态对其概念作出大致界定。例如,张璞、赵周华提出,民族特色产业是通过普通或特色工艺流程对民族特色资源加以加工、利用,生产出特色产品,并且达到一定规模的产业,其具有民族性、历史性、特需性和文化性的特点。[1]商标与产业、产品是紧密相关的。商标为"标",商

---

[1] 张璞、赵周华:《少数民族特色产业的内涵和特征分析》,载《前沿》2011年第17期。

品为"本",脱离了商品,就无所谓商标。因此,商标必然要在特定商品上使用[1]。

民族特色商标的形成离不开民族特色产品的出现与发展。民族特色产品的生产者或经营者为了更好地体现产品特色、便于民族地区消费者的识别,使用具有民族文字、图形、图腾、符号等元素为构成要素的民族特色商标。民族特色商标的形成,既是民族特色产品品牌建设的需要,也是为了满足民族地区消费者的情感和社会需求。

我国民族特色商标是民族经济发展的产物,是民族特有的文化遗产、风俗习惯、行为方式以及代表本民族的图腾、符号、文字、声音等元素在商标上的反映。如同民族特色产业一样,民族特色商标也是一个事实状态的事物,难以从理论上对其下一个确切的定义。本书对内蒙古自治区区域范围内商标的基本情况进行搜集、整理,发现主要有民族文字商标、民族图形与图腾商标、民族地理标志商标三类。由这一现实样态,我们可以将民族特色商标界定为:由民族文字、图形、图腾、地理标志等民族元素及其组合构成的商标。

其一,从民族文字的角度看,每一个民族文字都有其自身的含义。在将其作为商标元素时,不能只看文字的书写形式,更要重视其含义,避免因音译或者意译而发生的混用或混淆。其二,在民族特色商标中使用的图形、图腾大都是具有象征意义的,反映了一个民族的价值信仰,如"敖包""苏鲁锭""那达慕"等是民族生产生活以及民族历史中的重要内容。其三,地理标志是人文环境与自然环境结合的结果,地理标志的使用

---

[1] 汪泽:《中国商标法律现代化——理论、制度与实践》,中国工商出版社2017年版,第50页。

是当地生产商或经营商的公权，民族地理标志表明民族特色产品来源，进而反映了民族特色产品来源地的自然环境、人文环境以及民族的生产技艺与方式。

以民族文字、图形、图腾、地理标志等民族元素及其组合为要素，是民族特色商标的外在特征。但是这些要素不仅是一种象征符号，还具有深厚的文化意蕴，内含着民族的情感认同。因此民族特色商标的使用、注册等不仅要遵守基本商标规范，还需要考虑相关元素代表的民族情感和实际意义。

三、民族特色商标的属性特征

（一）民族特色商标要素的民族性

民族特色商标的民族性主要体现在两个方面，即申请人的民族性与构成要素的民族性。民族特色商标的申请人大多数为当地的主体民族，长期受民族文化的影响，在为自己经营的商品申请商标时，能够充分利用本民族的文字、民族特色的图形、图腾、地理标志等作为商标要素。当然，并不是所有民族特色商标都是当地的民族申请的，也有一部分是由当地的汉民族或者其他民族申请的。他们选择申请注册民族特色商标，一方面可能是由于长期在当地生产生活，在民族交流交往交融中受到当地民族文化的熏陶，对民族文化有一定了解；另一方面出于经营需要与利益驱动。不管是当地的主体民族，还是其他民族选择以民族元素为商标要素，都与其生活的环境影响与相互感染是分不开的。

民族特色商标的民族性还表现为构成元素的民族性。我国《商标法》第8条规定，文字、图形、字母、数字、三维标志、颜色组合和声音等，以及上述要素的组合，均可以作为商标申请注册。其中，文字是最为常见的可作为商标使用和申请注册的要素。可以作为商标使用和注册的文字，不分民族，不分种族，也不分中外。[1]。民族文字商标也是民族特色商标的主要形式。

与一般文字商标不同的是，民族文字商标具有鲜明的民族特点，内涵深刻的民族文化。民族文字商标，主要因为其具有视觉效果极佳、易于识别和记忆等优势。所以，此类直接以民族文字作为构成元素的商标占比较高。如上文的图1-1、图1-2等都属于此类商标。尤其是近年来，随着民族经济的发展及年轻一代创业者的脱颖而出，民族文字商标的占比逐渐增加，相应的问题也逐渐凸显。尤其是以音译或意译民族文字为要素的商标，极易在民族消费者中发生混淆、误认等情形，甚至是对民族的情感产生一定程度的伤害。

(二) 民族特色商标审查的单一性

根据我国《商标法》第2条、第28条的规定，国家商标局主管全国商标注册和管理工作，并对商标注册进行审查和核准。由原国家工商行政管理总局制定的《委托地方工商和市场监管部门受理商标注册申请暂行规定》提出，建议县级以上工商行政管理和市场监督部门（主要是省会城市和地级市）设立商标申请注册受理窗口，代办商标申请注册等业务。这些窗口主要负责收集整理申请注册文件，提供商标注册申请相关的查询、咨询服务，并无实质审查权。现阶段，内蒙古自治区商标办理窗口主要包括呼和浩特验收窗口、鄂尔多斯验收窗口、赤峰验收窗口和乌兰察布验收窗口[2]。《委托地方工商和市场监管部

---

[1] 李扬：《商标法基本原理》，法律出版社2018年版，第1页。

[2] 参见 http://sbj.cnipa.gov.cn/cjwt/201909/t20190920_306907.html，访问日期：2022年4月10日。

门受理商标注册申请暂行规定》（工商标字〔2016〕168号）第6条规定，本地商标受理窗口负责受理专用区域内的商标申请，收取费用和颁发商标注册证书，接受和审查商标申请文件以及申请符合受理条件的商标申请。

地方工商行政管理部门这种单一性审查模式是全国统一性的，在民族地区也并无特殊性。民族特色商标审查的单一性主要表现在审查主体、审查内容的单一性。其一，关于审查主体的单一性。民族特色商标的构成要素具有较强的区域性和民族性，诸如民族文字、传统名号、非物质文化遗产等要素，仅由商标局审查是远远不够的，会发生因重视统一性，而忽视特殊性的情形。民族地区地方工商行政管理部门、地方商标受理窗口、商标代理机构等作出"事前"的预审查，从而可减轻国家商标局的审查压力，同时兼顾地域性、民族性商标的特殊性，不失为一种好的方案。其二，关于审查内容单一性。目前对于民族特色商标中的民族文字部分的审查，以"图形"为审查标准，忽略了民族文字本身的含义，难以避免民族文字含义出现消极影响，即可能出现《商标法》第10条第6、7、8项规定的标志。因此，对于民族特色商标构成元素的审查，不仅要审查其外在表现形式，还需要重视音译、意译或者民族文字原型以及不同形式图形、图腾等要素在当地以及民族群众中的实际含义。

（三）民族特色商标监管的单一性

根据我国商标制度的规定，商标使用的监管由地方各级工商行政管理部门负责。因此，我国注册商标的事前审查核准与事后监管是分离的，具有地域优势的地方工商行政管理部门，难以从全局掌握当地商标申请注册的情况，监管范围有限，监管难度较大。

首先，在监管形式上，地方工商行政管理局仅有商标使用的管理权限，没有注册的审查、核准权，监管内容流于统计登记，缺乏实质性的抓手。其次，监管内容上，由于监管形式的单一性，缺乏前期注册的审查与核准权，地方工商行政管理部门无法对民族特色商标的要素、内容加以审查。而民族地区的民族群众商标意识淡薄，商标申请人中一部分人并不是出于对商标的认知主动申请商标，而是因为当地工商部门的宣传引导或商标代理机构的业务推销等原因被动申请商标，所以在商标的选择上并没有用心，更不会去考虑所设计的商标是否具有合法性、显著性，是否有他人在先使用等情形，而只是直观地选择自己喜欢的或带有地方特色、产品特色的元素。

（四）民族特色商标乱象的隐蔽性

民族特色商标具有鲜明的民族性和区域性。李曦辉认为："我国是民族国家的典范，主要是经济和文化融合。我国不同族体之间先有经济往来，逐渐形成文化认同，最后才是建立统一的民族国家，文化上的多元一体。"[1]在中国不同的民族地区，由于地区差异，每个地方的经济发展状况和主要动力必然有所不同，但总体而言，当前我国民族地区的经济发展仍存在一些障碍。[2]民族地区相比于其他地区，经济往来相对较少，对于外界事务的认知度相对较低。在进行商标设计时，大都选择以当地民族文字、图腾、传统名号、地理标志等作为商标构成要素。

民族要素为商标构成要素，主要是由商标申请人的生活环

---

〔1〕李曦辉：《全球化中国版之"一带一路"支撑理论研究——兼论民族经济学的时代价值》，载《区域经济评论》2017年第6期。

〔2〕卢敏：《中国少数民族地区经济发展现状及对策研究》，载《现代经济信息》2020年第4期。

境、文化背景等所决定的,具有原生性。我国商标注册审查核准与监管制度的单一性,与民族特色商标的现实需求产生了一定的张力。正因如此,已注册的民族特色商标中存在不合法、缺乏显著性、与在先权利冲突等不具备商标实质性要件的问题。此外,由于民族文字、符号、图腾等民族文化具有一定封闭性,外界认知度较低,故而社会关注度较低;而民族地区民族群众的商标意识相对薄弱,在进行商标设计或申请注册中,缺乏主动性或者规范意识等,故而导致民族特色商标乱象丛生,且具有隐蔽性特点。

第二节　民族特色商标法律保护的价值取向

一、保护民族权利

（一）民族的含义

我国民族与国际上的少数人保护是两种不同的历史进路,但两者在界定标准和含义上具有一定的共性。"少数人"一词不仅是一个标志,而且是一类定义的内容。[1]少数人这个概念在不同的社会发展阶段,有着不同的界定范畴。

1966年《公民权利及政治权利国际公约》第27条申明:"凡有种族、宗教或语言少数团体之国家,属于此类少数团体之人,与团体中其他分子共同享受其固有文化、信奉躬行其固有宗教或使用其固有语言之权利,不得剥夺之。"[2]对于少数人的

---

〔1〕 De Gaay Fortman, Bas, " Minority Rights: A Major Misconception?", *Human Rights Quarterly*, vol. 33, no. 2 (2011), pp. 265~303.

〔2〕《公民权利及政治权利国际公约》, A/RES/2200 (XXI), 12 January 1967.

界定以"种族、宗教、语言"为基本属性,这些少数人可以拥有自己的宗教信仰或语言表达,少数人群可以使用其宗教信仰,运用自己的语言表达,持续不断地提升自身文化和艺术,以及实施自己的习俗和习惯。[1]1977年,卡波托蒂从客观特征、主观意愿两个层面,尝试对少数人下定义。在客观特征上,"数量与一国人口的其他部分相比处于劣势,处于非支配地位","拥有不同于该国其他人口的种族、宗教或语言表达的特征";在主观意愿上,"明示或含蓄地表现出保存自己的文化、传统、宗教或语言的一致意识"。[2]该定义的构成要素现已被普遍接受。作为少数人权利保护的专门性文件,《在民族或族裔、宗教和语言上属于少数群体的人的权利宣言》从民族或族裔、宗教信仰、语言方面对少数人加以界定。[3]综上,少数人主要是指那些在一国中,人口数量相对较低,处于非支配地位,拥有不同种族、宗教或语言,并且愿意保存其种族、宗教、语言特征的群体。

我国共有55个少数民族,尽管在历史起源及保护进程上与国际社会上的少数人有一定的差异性,但是两者在主客观判定依据和标准上具有共同性。我国的少数民族识别工作从1950年开始,至1964年逐步摸清各民族的社会历史状况。在这期间,遵循尊重民族意愿,且符合科学客观依据的识别标准和原则。关于民族特征,除了重视对共同地域、共同语言、共同经济生活和共同心理素质的考察外,还关注民族名称的调查研究和对

---

〔1〕 周勇:《少数人权利的法理——民族、宗教和语言上的少数人群体及其成员权利的国际司法保护》,社会科学文献出版社2002年版,第4页。

〔2〕 F. Capotorti, *Study on the Rights of Persons Belonging to Ethnic, Religiousand Linguistic Minorities*, UNE/CN. 4/Sub. 2/384/Rev. 1, p. 21.

〔3〕 《在民族或族裔、宗教和语言上属于少数群体的人的权利宣言》,A/RES/47/135, 3 Februrary 1993.

民族历史渊源的追溯。在主观意愿上，主要尊重各民族群众的民族意识和民族愿望。[1]我国少数民族的客观特征并不是单一的，同时表现出种族、宗教、语言上的特殊性。

(二) 民族权利保护的基本内容

国际社会对于民族权利的保护，以禁止歧视、平等待遇为原则，要求各缔约国赋予少数人在民族、种族、宗教、语言特性方面的权利，并保障少数人维持和发展其特征的权利。作为《公民权利及政治权利国际公约》的签署国，秉承着"条约必须履行"的原则，我国以民族区域自治制度作为民族事务治理的基本政策和政治制度，从政治、经济、社会、文化等各方面全方位保障少数民族的权利。

目前，以《宪法》为根本，以《民族区域自治法》为核心，以法律、行政法规等中央立法，以及民族自治立法、一般地方性法规中的民族事务立法为主要内容，建立起完整的民族权利保障体系。我国法律对民族权利保护的内容多、范围广，文化权利保障是一项重要内容。民族地区地理位置相对偏僻，文化相对保持其原生状态。我国民族权利保障体系给予民族文化特殊性保护，包括尊重民族的风俗习惯和生活习俗、保障民族使用和发展本民族语言文字的权利、保护民族文化遗产、尊重和保护民族的宗教信仰自由等内容。

二、保护民族非物质文化遗产

(一) 非物质文化遗产名录制度

党的十九大报告提出："文化是一个国家、一个民族的灵

---

[1] 黄光学、施联朱主编：《中国的民族识别——56个民族的来历》，民族出版社2005年版，第81~103页。

魂。文化兴国运兴，文化强民族强。"[1]民族文化遗产是中华优秀传统文化的重要内容，非物质文化遗产构成了民族文化遗产的主要部分。民族非物质文化遗产，凝聚着各民族的精神和气质，蕴含着中华民族的精神实质，并从一定程度上升华了中华民族传统文化的内涵价值。非物质文化遗产名录是非遗精华的集中体现，联合国教科文组织非物质文化遗产名录、我国非物质文化遗产代表性项目名录共同构成了我国非遗保护的两个主要清单。

2003年，联合国教科文组织大会通过《保护非物质文化遗产公约》，将非物质文化遗产定义为"被各社区、群体，有时是个人，视为其文化遗产组成部分的各种社会实践、观念表述、表现形式、知识、技能以及相关的工具、实物、手工艺品和文化场所。"依据该公约，联合国教科文组织建立了急需保护的非物质文化遗产名录、人类非物质文化遗产代表作名录。中国列入名录项目共计42项，位居世界第一。其中，人类非物质文化遗产代表作34项、急需保护的非物质文化遗产7项。

2004年，我国加入《保护非物质文化遗产公约》。作为缔约国，为履行条约义务，2005年国务院办公厅印发了《关于加强我国非物质文化遗产保护工作的意见》，2011年全国人大常委会通过了《非物质文化遗产法》。《非物质文化遗产法》的通过标志着我国非物质文化遗产法制化建设进入新阶段。我国现已建立了"国家+省+市+县"四级代表性项目名录体系，并先后于2006年、2008年、2011年和2014年公布了四批国家级代表

---

[1] 习近平：《决胜全面建成小康社会 夺取新时代中国特色社会主义伟大胜利——在中国共产党第十九次全国代表大会上的报告》，载http://www.xinhuanet.com/politics/19cpcnc/2017-10/27/c_1121867529.htm，最后访问日期：2022年5月3日。

性项目,共计 1372 个大项,3145 个子项;同时确立了非物质文化遗产代表性项目代表性传承人制度、非物质文化遗产代表性项目保护单位制度。

(二) 内蒙古自治区非物质文化遗产概况

内蒙古属于游牧文化,内蒙古人民群众在长期的游牧生活中,创造出了诸多与此相关的文化遗产,繁荣了我国优秀传统文化。为保障本民族地区文化遗产的传承、保护与发展,内蒙古自治区及其下属市、县根据上位法的相关规定,制定一般性地方法规或者单行条例。2006 年,内蒙古自治区政府转发区文化厅根据国务院意见发布的《关于加强我国非物质文化遗产保护工作的意见》,要求各相关部门或单位加强非遗保护,"建立非物质文化遗产体系"。2017 年内蒙古自治区人大常委会发布了《内蒙古自治区非物质文化遗产保护条例》,明确规定旗县级以上人民政府应当建立本级非物质文化遗产代表性项目名录。

据此,内蒙古自治区人民政府先后于 2007 年、2009 年、2011 年、2013 年、2015 年、2018 年公布了六批自治区级非物质文化遗产代表性项目名录,共计 587 项。内蒙古自治区人民政府及其文化和旅游厅积极申请申报国家级代表性项目,目前列入国家级名录的非物质文化遗产共计 89 项。蒙古族长调民歌、呼麦歌唱艺术分别于 2005 年、2009 年以表演艺术等形式入选联合国教科文组织人类非物质文化遗产代表作名录。内蒙古通辽市于 2019 年通过了《通辽市蒙古族音乐类非物质文化遗产保护条例》,对蒙古族民歌等音乐类"非遗"加以保护。这也是自 2015 年我国《立法法》修正后,设区的市在"历史文化遗产"事项上制定地方性法规的内蒙古实践。

(三) 民族非物质文化遗产的商标保护模式

非物质文化遗产的公益性和私益性双重性质,决定了法律保护需要采取公法和私法两种保护模式。公法保护模式，主要通过行政法规定政府在非遗保护中的职责，鼓励公民、法人和其他组织参与非遗保护，我国2011年颁布的《非物质文化遗产法》就是采取这一模式；私法保护模式，则是商标权、著作权、专利权等传统知识产权保护模式。其中，非物质文化遗产的商标权保护是一个重要方式。我国商标权保护的保护形式侧重于开发利用，即在合理利用、开发非物质文化遗产的基础上，完成从文化资源向经济效益的转换。

非物质文化遗产的商标权保护主要有注册商标和地理标志两种形式。而地理标志还有商标法和专门法两种保护模式，前者主要有商品商标和服务商标、集体商标和证明商标，根据《商标法》第16条和《商标法实施条例》第6条，由国家知识产权局商标局管理，后者是地理标志产品，根据《地理标志产品保护规定》第4条，由原国家质量监督检验检疫总局（现国家市场监督管理总局）管理。地理标志与非物质文化遗产在许多方面高度契合，法学界也存在以地理标志保护非遗的主张，实务中"少林武术""景德镇手工技艺""铜梁火龙"既是商标，也入选了第一批国家级非遗名录等。

民族非物质文化遗产是民族群众在长期生产生活中，与历史与自然互动中创造出来的，并经一代代传承和延续，被当地社区所承认以标识其民族身份、维系民族认同的文化表现形式。非物质文化遗产是识别民族身份的重要因素和标识，传承和发展非物质文化遗产是民族群众参与文化生活的重要方式。然而，随着现代化的推进，民族非物质文化遗产面临着重重威胁。现代化、全球化来势汹汹，封闭性、原生态、规模小的民族文化抵抗外在冲击力的能力较弱，传承和延续难以维系；而部分遗产进入市场后,被遗产社区或者遗产社区之外的人实施了不合理的开发和利用,而正面临着"被歪曲""被贬损"的困境。目前,非物质文化遗产被抢注的情况已经屡见不鲜。此外,一些外部势力企图以少数民族和少数民族地区作为切入点,将其理念渗透至我国文化观念,这严重危害着文化艺术安全和我国边界稳定发展。所以,加强对民族非物质文化遗产的法律保护,这是关系国家长治久安,关系民族团结、社会和谐的大事。

对民族非物质文化遗产采取特色商标保护具有一定的可行性。其一,不可否认,民族非物质文化遗产"创新性发展和创造性转化"需要借助于市场加以完成,而市场意味着竞争和利益,在此情况下,商标权保护可以有效防止非物质文化遗产被滥用的情况。其二,民族非物质文化遗产的主要特性在于它的民族性和活态性,也就是民族非物质文化遗产传承和保护是一个整体性事务,不能仅局限于语言、动作或者服饰等个别部分,而商标权保护可以将非物质文化遗产相关内容囊括其中,实现整体、全面和活态保护。其三,民族非物质文化遗产属于历史的产物,是民族群众在长期的生产生活过程中不断积累、沿袭而成,商标权的保护则可以避免因其"先在性"而无法注册的情况,注册商标续展制度也为非物质文化遗产提供了长效保护。有学者认为地理标志的群体性和地域性与非遗相符,在保持现有《商标法》规定的同时,将地理标志产品保护范围扩大至服务后,可实现对非遗的地理标志保护;[1]有人认为地理标志的自然因素与人文因素、主体不确定性、权利不可转让性、权利永久性等与非遗契合,可以在商标法或专门法保护模式中择其

---

[1] 肖海:《非物质文化遗产的地理标志保护模式》,载《求索》2008年第2期。

一，实现对非遗地理标志保护。[1]

民族非物质文化遗产是一种不可再生的资源，具有丰富的历史、文学、科学价值，同时也正面临着生存困境，保护民族非物质文化遗产是一件"功在当代，利在千秋"的大计，是弘扬中华优秀传统文化、坚定文化自信、实现中华民族伟大复兴的重要举措。

三、保护民族特需用品经济

（一）民族特需用品的发展历史

民族特需用品是指根据民族的特殊需求生产的用品和食品。[2]由于自然、社会和历史因素的影响，民族形成了不同的风俗习惯、传统文化以及生产生活方式。这种差异性体现在日常的生产生活中，必然表现为对某些具有特定的用途、规格和款式并浓缩了本民族历史文化传统特色的用品，有着特殊的需求和偏好。[3]

新中国成立以来，党和国家对民族群众的日常生产生活高度重视，对民族地区贸易、民族特需用品等民族经济给予保障和扶持。1962年第五次全国民族贸易工作会议后，国家开始有计划生产民族特需商品，对民族地区的民族贸易企业执行"三项照顾"政策，对民族特需商品执行倾斜性的照顾政策。随着，我国社会主义市场经济体制的逐步确立，"三项照顾"政策退出历史舞台，转向实行财政税收方式。1981年国家民委制定《全

---

[1] 郭玉军、唐海清：《论非物质文化遗产知识产权保护制度的新突破——以地理标志为视角》，载《海南大学学报（人文社会科学版）》2010年第3期。

[2] 朱玉福：《民族特需品：政策 法规 市场"一个都不能少"》，载《中国民族》2009年第5期。

[3] 《民族特需用品概述》，载http://mw.changchun.gov.cn/ztzl/mpqy/201707/t20170718_1035525.html，访问日期：2018年9月7日。

国民族贸易和民族用品生产工作会议纪要》，对民族贸易和民族用品实行利率优惠、减免税收、专项投资、运费补贴、专项商品和物资供应等优惠政策。1984 年《民族区域自治法》实施，从法律上确立了民族贸易与民族用品生产的优惠政策，规定了国家扶持民族自治地方合理利用当地资源发展民族特需商品等的生产义务，《国务院实施〈中华人民共和国民族区域自治法〉若干规定》具体化了扶持措施，在税收、金融、财政政策方面完善优惠政策，建立国家储备制度。《产品税条例（草案）》（已失效）也相应地规定了对民族特需商品生产企业实行减税或免税。

民族特需用品的项目和内容由 1997 年国家民委发布的《少数民族特需用品目录（修订）》正式确定，包含纺织类、服装类、鞋帽类、日用杂品类、家具类、文体用品类、工艺美术品类、药类、生产工具类、边销茶类等 10 大类。考虑到人民生活水平的提升，少数民族群众所需生产生活用品的种类和数量不断变化与增加，国家民委分别于 2001 年、2004 年对名录内容进行调整，将清真食品作为一大类列入其中。

（二）民族特色商标之于民族特需用品的意义

随着经济社会发展、人口数量增多，我国少数民族对于特需用品的需求数量不断增加、种类日趋多样化。然而，目前民族部分生活产品仍以手工制造为主，现代机械化程度较低，传统的生产既无法满足现代社会生活的需求，也无法融入如今现代化的经济社会发展水平。究其原因，主要有以下几个方面：

首先，民族特需品的市场发展缓慢，未能与市场发展步伐同步，民族特殊需求产品的市场体系还相对不完善。早期民族特殊需求品的生产、经营属于国家计划范畴，发展进程较缓。尤其是随着市场经济的发展，作为社会发展商品流通的一环，由于民族地区偏远等地理位置的局限，民族特殊需求产品无法完全整合到市场中，也无法完全按照市场经济模式运营。其次，民族特殊需求产品的生产和制造方式仍然处于传统的生产经营模式，以作坊式生产为主，呈现出散状无序、规模小、品种单一等特点，没有形成产业化、品牌化。再次，经济发展与教育和科技之间的关系密不可分，经济的发展离不开教育与科技事业的进步。[1]民族地区本身偏、远、闭塞的特点，致使本地一部分接受高等教育、习得技术能力的人员流失，而外界人又不愿意进入，专业技术人才匮乏，致使一些民族特需品生产企业生产和制造技术过时、产品质量不佳、信息不完整以及管理方法落后。

由于特殊的自然地理条件以及历史原因，民族地区的经济发展遇到一些突出的问题和独特的困难：经济社会发展总体落后、产业链发展水平略低、产业结构升级难、新发展理念转变的难度系数大等。民族特需品的生产既是民族地区经济的一个重要组成部分，也是满足民族群众生活需求、实现民族群众幸福生活的一个重要措施。保障民族自治地方民族特需品生产，加快民族区域经济发展的步伐，促进民族地区经济、社会、文化振兴，是保持团结统一、筑牢民族共同体的必然要求。

民族特色商标的使用是与民族地区商品经济的兴起与发展相伴相生的，民族特色商标所应用的产品也大都是民族用品，当然包含着民族特需用品。民族特色商标的使用、相关权利的保障、制度的建构，一方面能够为民族地区民族特需用品的生产经营提供保障，有助于其融入市场经济中，形成品牌，实现

---

[1] 林耀华主编：《民族学通论》，中央民族大学出版社1997年版，第531页。

从以政策扶持到自我发展壮大的转变；另一方面，民族特需用品的生产是为了满足各民族群众的生产生活需求，进一步满足其情感需求，而民族特色商标构成元素的民族性、地域性等特点，能够帮助民族消费者识别其所需产品，实现物质和精神的双重促进与发展。

第三节　民族特色商标法律保护的法理基础

一、商标权理论

商标权的产生有两种方式：一种是因使用而取得；另一种是通过申请注册而取得。两种商标权形成的方式各有利弊，注册商标但不使用无法体现商标的商誉价值，无法形成商标的完整结构，不具有保护的价值。[1]对于只使用而没有注册的商标来说，我国商标法并不对此予以保护，但在实践中可以通过在先权利而获得对商标权的保护。商标权因使用而取得以美国的《兰汉姆法》为代表，《兰汉姆法》第1052条规定："根据商标的性质，凡能将申请人的商品区别于他人商品的商标，不应驳回其在主注册簿上的注册。"[2]并以列举的形式排除了不得注册的类型，即商标应具有合法性、显著性且不得侵犯他人的在先权利等的相关规定。商标以注册为取得以《共同体商标条例》为例，该条例第7条和第8条规定了驳回注册的绝对理由和相对理由。我国《商标法》第3条第1款规定："经商标局核准注

---

〔1〕　戴彬：《论商标权的取得与消灭》，华东政法大学2013年博士学位论文，第9页。

〔2〕　《美国兰汉姆（商标）法（中文版）》，载http://sbj.cnipa.gov.cn/ztbd/sbhwwq/ggfl/201705/t20170515_264667.html，访问日期：2017年7月15日。

册的商标为注册商标……商标注册人享有商标专用权，受法律保护。"进而可知，我国商标的取得属于注册方式的取得，即在我国只有经申请获得注册的商标受商标法的保护。

从知识产权保护层面来说，对商标权的保护范围越来越广泛，经济文化快速发展的现在，知识产权保护已经成为一个大众趋势。知识产权本质上是一种私权，当民族文字、传统名号、地理标志、图腾等申请了商标以后，商标申请人就拥有了商标使用权的垄断。任何人未经允许使用该商标进行营利行为，都属于侵犯了申请人的商标权。但同时申请人又可以通过商标的许可转让，进行获利。商标权作为知识产权的一部分，对民族地区特色经济的发展可以做出巨大的贡献，通过商标的形式可以对民族地区的地名、地理标志、传统名号等予以相应的保护。商标为"标"，商品为"本"，脱离了商品，就无所谓商标。商标使用权必然是指在特定商品上使用商标的权利。[1]民族特色商标是因民族特色产品的特色及在民族地区特殊消费者的识别而形成的以民族文字、图形、图腾、符号、元素等为构成要素的商标。民族特色商标的形成是民族特有的传统文化遗产、风俗习惯、行为方式及代表本民族的图腾、符号、文字、元素、声音等与商标的有机结合，是民族经济发展的产物。

在民族地区，由于人文、地理、文化、习俗等的不同形成的民族特色商标，相较于普通商标，应更加注重其正当性，这主要源于民族特色商标的违法性更具隐蔽性。商标制度中的核心问题是商标权的取得，包括实质要件和程序要件。民族地区的民族特色商标在取得时由于其构成要素的特殊性及审查环节

---

[1] 汪泽：《中国商标法律现代化——理论、制度与实践》，中国工商出版社2017年版，第50页。

对民族文字部分的忽略，存在诸多不正当因素，商标权的保护应注重正当性。[1]

二、商标混淆理论

商标法必须确保商标所有人可以专有地使用商标来标识其商品或服务的来源，并且消费者可以通过商标正确地将商品或服务与供应商相关联，以充分实现商标标识的保证功能。如果在同一行业市场中，使用相同或相似品牌的商标来自两个不相关的业务运营商，这可能导致商品或服务的来源混乱，则该品牌商标将失去其应有的价值。[2]混淆是保护商标和制止不正当竞争的重要法律基础。[3]商标的核心价值就是防止消费者对商品或服务来源产生混淆，确保商标的识别功能有效地发挥，减轻消费者搜寻商品的成本。所以，绝大部分国家都将"混淆的可能性"以立法的形式规定为构成商标侵权的条件，例如，《欧盟国家商标实施细则》第8条第（b）款要求：由于申请注册的商标与已有商标相同或相似，并且未申请注册的商标提供的商品和服务与已有商标商品或服务相同或相似，并且很可能在已有商标受保护的欧盟国家/地区中引起人们的混淆的，不得予以注册。[4]《与贸易有关的知识产权协议》第16条指明：注册商标的拥有人具有该商标使用的专属使用权，以防止未获得使用

---

[1] 窦祥铭、杜磊：《新时期我国商标权保护若干问题探讨》，载《通化师范学院学报》2019年第1期。

[2] 王迁：《知识产权法教程》（第6版），中国人民大学出版社2019年版，第501页。

[3] 孔祥俊：《商标与不正当竞争法：原理和判例》，法律出版社2009年版，第257页。

[4] 参见 https://www.chtow.com/h-nd-422.html，访问日期：2018年7月28日。

与该商品或服务相同或相似的第三方混淆使用的权利。我国《商标法》第57条明确注明，下列任何行为均构成侵犯注册商标专用权的行为：①未经商标注册人的许可，在同一商品上使用同一商标的；②未经商标注册人的许可，在同一商品上使用与其注册商标相似的商标或在类似商品上使用相同或相似，容易引起混淆的行为。

综上我们可以得知，混淆理论有了明确的立法依据，只要对商标的使用可能导致消费者对商品的来源和服务的来源产生混淆，就构成侵权，而并不需要商标权人实际证明消费者真实地产生了混淆。在民族地区，商品和服务具有一定的局限性，即由于民族地区独特的土壤、水质、生物、地形等地理要素及特色民族文化、生活习惯等因素，其商品和服务的种类具有一定的局限性，如在内蒙古地区大家熟知的特色包括肉类、羊绒、酒业、奶制品等。而大多数经营者所经营的特色产品也集中在这些领域，所以所提供的商品和服务极易表象为同一商品或同类商品。加之在申请注册商标时因图腾、习惯相似的原因，在商标设计时也具有一定的局限性，极易"导致混淆可能"，如博克之乡乌珠穆沁人以标志性搏克雕塑作为商标（图1-13、图1-14），消费者很难区分和辨认，增加搜寻商品和服务的成本；蓝旗因著名文化遗址元上都遗址，"元上都"成了各类商品和服务的商标；阿巴嘎旗因"乌冉克羊"出名，"乌冉克"成了各种肉类企业的标志，与此相同的还有"苏尼特羊""乌珠穆沁羊"等，消费者对这些商标的辨识度很低，商品相似、商标相似，极易形成"混淆可能"。商标混淆理论对民族商标的规范和保护具有积极意义，在商标权人层面上来讲，应注重阻止他人利用其商标对其商标显著性进行伤害，提高商标保护意识，而不是注册了商标就不闻不管,任凭混淆可能性的出现。对消费者而言,提高商标保护意识,足以减轻消费者搜寻商品的成本,形成与商标权人的信息互动,激励商标权人创造优质商品、提供优质服务,净化民族特色产品市场,优化产品质量。

图 1-13　　　　　　　　图 1-14

三、商标淡化理论

1932 年帕金斯(Perkins)提出的联邦淡化法,其旨在将联盟商标的保护范围扩大到"虚构或任意性"商标以预防其他人"可能对在先使用商标所有人的声望或商业信用造成损害"的使用。但是,当时国会担心这种保护的扩大会限制自由贸易以及不公平地限制争端,因此拒绝了该法案。直到 1996 年美国国会通过了《联邦商标淡化法》,该法主要对 1946 年的《兰汉姆法》第 43 条进行了修改,将淡化作为一个新的诉因,用来维护知名商标,防止其鉴别商品或服务项目的能力的降低,而无论是不是存有搞混的原因或竞争关系的原因,从商标显著性的视角看来,商标淡化理论的诞生再度认证了商标显著性在商标法中的"重要核心影响力"。

首先,从获得反淡化保护的条件来看,商标必须具有显著性。根据 1996 年的《联邦商标淡化法》,美国的《兰汉姆法》

在第1125条中，增加了对"商标淡化"的规定，在判断一个商标是否知名，是否具备获得反淡化保护资格时，考察的第一个因素就是"该商标固有的或经使用取得显著性程度"，只限于具有固有显著性的商标。其次，从淡化的损害对象来看，淡化行为侵害的对象就是知名商标的显著性。根据该法的规定，在1946年《兰汉姆法》第45条中增加了商标淡化的定义："淡化"一词是指驰名商标标识和识别商品和服务的能力之降低，无论是否存在①驰名商标所有人与他人之间的竞争，或②混淆、误认或欺骗的可能。[1]《联邦商标淡化法》对淡化的认定比较宽泛，除了界定被淡化商标为驰名商标外，只关注商标识别、区分商品或服务的能力，而并不考虑其他因素。

我国《商标法》第13条第3款规定："就不相同或者不相类似商品申请注册的商标是复制、摹仿或者翻译他人已经在中国注册的驰名商标，误导公众，致使该驰名商标注册人的利益可能受到损害的，不予注册并禁止使用。"对此条款进行分析可以得知，我国商标淡化行为的对象是在我国已经注册的驰名商标。行为人通过对驰名商标进行复制、摹仿、翻译的行为，将其注册或使用于自己的商品或服务上，而该商品与被复制、被模仿的驰名商标并不相同或不相类似，导致驰名商标弱化，使公众产生混淆，使驰名商标的显著性明显降低，形成显著性暗化、丧失。"

《商标法》第14条第1款规定："……认定驰名商标应当考虑下列因素：（一）相关公众对该商标的知晓程度；（二）该商标使用的持续时间；（三）该商标的任何宣传工作的持续时间、

---

[1] 邓宏光：《美国联邦商标反淡化法的制定与修正》，载《电子知识产权》2007年第2期。

程度和地理范围;(四)该商标作为驰名商标受保护的记录;(五)该商标驰名的其他因素。"关于驰名商标的认定机关和认定方式,《商标法》第 14 条第 2、3、4 款规定:"在商标注册审查、工商行政管理部门查处商标违法案件过程中,当事人依照本法第十三条规定主张权利的,商标局根据审查、处理案件的需要,可以对商标驰名情况作出认定。在商标争议处理过程中,当事人依照本法第十三条规定主张权利的,商标评审委员会根据处理案件的需要,可以对商标驰名情况作出认定;在商标民事、行政案件审理过程中,当事人依照本法第十三条规定主张权利的,最高人民法院指定的人民法院根据审理案件的需要,可以对商标驰名情况作出认定。"由此,结合《商标法》第 13 条和第 14 条的内容可知,淡化的对象仅限于驰名商标,《商标法》对淡化普通商标一般不认定为侵权,原因在于淡化普通商标并不能给行为人带来竞争上的优势。

商标使用到一定程度以后具备一定的影响力和商业信誉,上升为驰名商标时,消费者对此商标的认知和辨识度提高,从而其显著性反而明显,对于消费者而言很难形成混淆,所谓"商标越显著,越不容易产生混淆"。[1]所以,传统的混淆理论有一定的局限性,混淆理论指的是一种直接的混淆,即消费者没有办法辨别商品或服务的来源,所以"混淆的可能"限定在相同商品或服务上使用的商标,而不包括不相同、不相类似商品和服务。而商标淡化理论包含了不相同、不相似的商品和服务领域,即使没有丝毫竞争关系,但同样利用商标的较高商誉为自己获得不当的利益",也就是说利用他人驰名商标的影

---

〔1〕 张莉:《商标淡化理论的法理基础及运用》,载《华侨大学学报(哲学社会科学版)》2003 年第 4 期。

响力及其商业信誉,为自身取得不属于自身的商业利益和影响。较之混淆理论,它的优越性在于,它意识到了商标的商誉价值。

在民族地区的民族特色商标中,因商标不具有显著性而使消费者没有办法辨别商品或服务的来源的情况非常多见。例如"艾日格"为酸奶的统称;"ᠬᠠᠸᠢᠷᠭ"指肉饼;"ᠴᠢᠨᠠᠷ"意思为质量;"策格"为马奶;"ᠰᠦᠨ ᠪᠦᠲᠦᠭᠡᠭᠳᠡᠬᠦᠨ"即为奶制品的统称;"ᠮᠣᠩᠭᠣᠯ"为蒙古之意等,此类商标如果在前期检索环节稍加留意,很容易避免出现,但在实践中此类商标非常多见。而"鄂尔多斯"有羊绒,有酒业;"蒙科立"有教育机构、有软件开发、有钢材,在"不相同或不相似的商品和服务"领域的淡化行为也非常多见。

四、民族发展理论

民族发展是民族存在和演进的形态。它们是中国特色民族理论体系中理论上和实践上的两个核心问题之一,是中国民族工作根本任务之一。[1]民族发展与社会发展紧密相连,民族发展的价值主体和实践主体都是民族。随着时代的进步,民族发展涵盖了更多的内容,以"五位一体"布局为指导,包含了民族政治发展理论、民族经济发展理论、民族文化发展理论、民族社会发展理论和民族生态发展理论。民族政治发展理论是实现民族平等和促进民族发展的根基,体现该理论最为明显的就是民族区域自治制度,这是我们党的民族政策的集中体现,如果处理不好会引发多米诺骨牌效应。这也要求民族地区充分保

---

[1] 李峥、代宏丽、中和:《新中国 70 年民族和民族发展理论的发展》,载《黑龙江民族丛刊》2019 年第 6 期。

证民族的话语权，可以参与到自己民族地区的政策决定中来，要充分利用民族的特色优势。民族经济发展理论注重将经济发展同全面小康社会的实现相结合，充分利用传统经济模式的优势，革除其弊端，加快民族经济转型，完成中华民族的共同富裕。民族民间文化发展的基本理论侧重民族传统文化的发展维护。民族文化艺术既是民族区域发展潮流的生命，也是民族区域人们的精神精髓。中华民族社会经济发展的基本理论侧重于改善民族地区的民生工程。习近平总书记在党的十九大报告中明确提出：加大力度支持民族地区加快发展，强化举措推进西部大开发形成新格局。[1]与较发达地区相比，民族地区的生活水平较低，民族的就业保障和教育才是保障民生的根本。加强民族地区社会经济发展是我国一项主要政策。充分发挥民族地区的独特优势，扩大各级应用范围，增强自我完善的工作能力，释放发展前景；更加注重改善民生，促进公平正义；充分继承和发扬民间文化，展示出中华民族的强大的精神和物质动力；改善绿色生态环境保护，增强持续发展能力。

民族发展理论对民族特色商标的保护具有重要的现实意义。民族地区根据《宪法》《立法法》《商标法》《民族区域自治法》的规定，容许依据当地的实际政治情况、经济发展、文化和艺术特征以及该地区的规定，制定具有地方特色的自治法规和独立的法规，还可以实施符合中国民族区域特征的本地商标的政策。民族地区的商标权保护意识相对比较薄弱，在这一领域，各地区的工商行政管理部门应加大宣传教育力度，吸纳更多通

---

[1] 习近平：《决胜全面建成小康社会　夺取新时代中国特色社会主义伟大胜利——在中国共产党第十九次全国代表大会上的报告》，载《人民日报》2017 年 10 月 28 日。

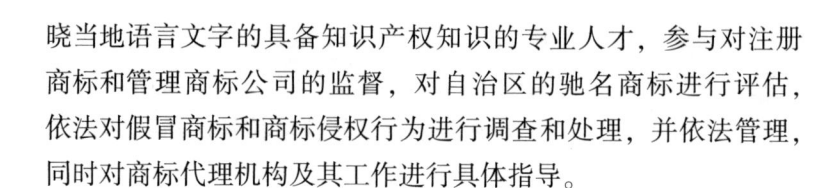

晓当地语言文字的具备知识产权知识的专业人才，参与对注册商标和管理商标公司的监督，对自治区的驰名商标进行评估，依法对假冒商标和商标侵权行为进行调查和处理，并依法管理，同时对商标代理机构及其工作进行具体指导。

第二章
民族特色商标权取得及保护范围

第一节 民族特色商标权取得的实质要件

除了有资格的实体或商品以及服务外,申请的商标还必须满足商标的基本要求。民族特色商标也不例外。中国的学术界对于商标注册的基本条件有不同的看法,其中之一是基本条件的内容包括商标的可见性、商标的显著特性和商标的非混淆性的理论。[1]二是实质条件的内容区分为拒绝注册的绝对理由、缺乏显著特征的标志不可以作为商标注册、立体商标注册、驳回商标注册的相对理由的观点。[2]第三是实质要素的条件内容包括正面和负面两个方面。正面因素包括符合《商标法》规定且具有独特性的组成部分。负面因素包括侵犯其他商标的权利、侵犯他人商标、对具有一定效力的未注册商标进行预先注册、对不正当竞争商标标记、虚假的地理标志、代表人或代理人违反诚信原则注册被代表人或被代理人商标。[3]四是商标注册的条件规定包括合法性、显著性、非功能性和在先性。[4]第四个

---

[1] 吴汉东主编:《知识产权法》,中国政法大学出版社2009年版,第23章。
[2] 黄勤南主编:《新编知识产权法教程》,法律出版社2003年版,第329~330页。
[3] 张玉敏主编:《知识产权法》,法律出版社2005年版,第327~329页。
[4] 黄晖:《商标法》,法律出版社2004年版,第47页。

见解被认为是现阶段关于中国注册商标标准问题中最全面、最科学的见解。它简明、全面、层次清晰地包含了我国注册商标基本标准的所有内容。

一、民族特色商标的合法性

合法性是指商标不得违反商标法中一般禁止性规定，是商标的首要条件，《商标法》第 10 条作了明确规定。该条从一定程度上保护了特定标志，其明确地禁止将特定标志用作商标用途，并且在一般情况下，禁止使用具有种族歧视性、欺骗性且有害于公共政策和习俗的标志用作商标。当然，任何禁止用作商标的标志都不得被批准注册。《商标法》第 10 条第 2 款关于地名商标注册的有关规定为：县级以上行政区划的地名或公众知晓的外国地名不得用作商标进行使用。而在民族地区以地名全称、简称、拼音形式作为商标注册的例子屡见不鲜，我们在前面也曾提及，例如"锡盟"（图 2-1）"大西乌"（图 2-2）正蓝旗的"老蓝旗"（图 2-3）"苏尼特"（图 2-4）等商标均为此类以地名命名的商标。这主要源于商品和服务来自同一地方，都属于这一地区的特色产品，都认为这样才能彰显其产品的特色，即"产地代表质量"，因此就有了运用此地名来标注其服务产品的需求。只允许单个实体单独管理和使用它们显然是不公平的，这不利于市场上的公平竞争。甚至使用非起源地名作为商标也可能误导消费者，对消费者造成混淆，进而造成消费者最终购买到他们不期望的商品或服务，尤其会给民族地区的文化、传统等造成歪曲，形成不良的宣传。例如锡林浩特市某公司注册的"乌珠穆沁羊"商标，"乌珠穆沁"不仅是县级行政区划的地名，而且也代表着一定的文化蕴意，此类名称只允许个别经营者独占使用不公平且不利于良好的商业秩序。

图 2-1

图 2-2

图 2-3

图 2-4

二、民族特色商标的显著性

显著性是商标的主要特征，或商标在文字、图形、字母、数字、三维符号、颜色组合和声音等方面拥有一定的显著性，或者包含上述要素的结合拥有一定的显著性。并非所有标志都可以注册为商标，非区别性标志就无法申请注册。我国《商标法》第 11 条明确规定，仅商品的通用名称、图形和型号，仅直接表明商品的质量、主要原材料和功能、用途、重量、数量和普通特征以及无其他鲜明特征的标志将不能注册为商标。现阶段学者对于商标的显著性拥有不同的看法，笔者将其归类为，一是商标的显著性，也称为商标的排他性，其可以表明，当商标用于特定商品或服务时，可使消费者感到它应实际上与特定产品有关；第二个是显著差异，这意味着商标应该是可识别且独特的，并且商标的构成要素在概念上应具有新颖性并具有独特的设计风格。商标之间的显著区别是商标法对商标的影响。

商标法规定，商标显著差异的实质性特征取决于商标的识别程度。在实践中主要是判断是否违反了商标法上规定的一些禁止使用的条款。

在民族地区判断商标是否具有显著性仍然是使用反证法，即针对《商标法》第10条所规定的，它是否包含民族歧视性内容，是否容易使群众错误地识别产品的质量或原产地。换句话说，是否对社会主义社会道德有害或具有其他负面影响，以及是否使用地名注册等因素进行反向的判断。但是在民族地区，由于民族本身特有的文字、图形、符号、传统名号、地名等这些构成要素自身所具有的特殊性及在商标审核环节中，对民族文字、传统名号等构成要素不知晓、不识别，同时，我国民族传统名号数据库没有建立，[1]更难区分具有民族文化特征的商标的显著差异。商标的明显特征是指商标应具有足以区分产品来源和产品相关信息的特征。为了区分商标是否具有明显的特征，应综合考虑构成标志的含义、外观组成，商标的具体应用产品以及人们认知能力的习惯性，商标的特定应用产品的名称。

下面归纳几类缺乏显著性特征的民族特色商标：例如："察干伊德"（图2-5）翻译成蒙古语"ᠴᠠᠭᠠᠨ ᠢᠳᠡ"，即奶食品之意，系商品的通用名称；"艾日格"（图2-8）翻译成蒙古语"ᠠᠶᠢᠷᠠᠭ"，即酸奶，"特润好尼"（图2-6）即羊，系商品的通用名称。

---

[1] 严永和：《论我国少数民族传统名号的知识产权保护》，载《民族研究》2014年第5期。

察干伊德
图 2-5

特润好尼
图 2-6

图 2-7

艾日格
图 2-8

三、民族特色商标的非功能性

我国《商标法》第 12 条明确说明了立体商标的非功能性要求，对于带有三维标志的商标注册，但其外观仅由产品本身的特性所生成、为了获得技术上的实际效果制作却没有实际产品，或者为了使产品具有实质性价值而制作形状，此类情况不得注册。该条要求不能将具有三种通用性的三维标志用作注册商标，可以从以下多个层次进行理解：一是仅由商品自身的性质产生的形状，即性质功能性，如土豆的外观不能作为土豆商标加以注册，由功能所决定的外形、外观、形状不能获得商标注册的，哪怕这种外形、外观、形状已经在实践中被用了很长时间。第二种是为获得技术效果所需的产品形式。在飞利浦诉雷明顿商标侵权事件中，飞利浦企业方希望将其三头剃刀形状用作注册商标。欧洲法院裁定，飞利浦企业在英国注册作为描述外观的商标是达到技术效果所必需的一种产品形式，因此不能作为注册商标。第三种是赋予产品高价值的形式,通常被称为美学功能。本质价值主要是指形式的审美价值,是消费者购买的主要动力。产品或物品的包装的形状是确保产品或物品的包装功能的不可替代的三维形状。由它形成的商标具有功能实用性特征,所以无法注册。因此只有非功能性的立体商标类型才可以得到批准并注册成功。

一是非功能性必须从商标显著性的角度进行。从经营者的角度,存在有效参与市场竞争的需要和选择识别商品来源方式的自由。但是识别商品来源的方式必须是具有显著性的,以区别于经营者提供的商品和服务的来源,而不能仅以其功能性作为商标注册,否则就会限制他人合法地使用该商品功能而形成了对他人权利的限制。如果确定商标拥有一定的功能性,就无法得到批准注册,也无法经过运用来处理。二是基于反垄断和鼓励自由竞争的考虑。商标法鼓励品牌竞争,不妨碍市场经营者之间就商品和服务本身进行市场竞争,但是假如一些能够由专利保护的标志再让其受到商标形式的保护,则该专利实际上可能被永久垄断,这不利于市场上的公平竞争。例如,消费者通常根据独特的外观来购买移动电话,此时其外观不能被注册为立体商标,并且仅可通过提交外观设计专利申请来进行保护。

笔者对调研中搜集、整理的民族特色商标进行梳理分析的过程中,还没有遇到立体商标非功能性的问题。对搜集到的民族特色商标归纳分析时发现,民族地区的具有民族特色的民族特色商标仍处于较基本的商标形态,即文字商标,文字商标里较集中的是汉文字组成的商标、蒙古文字组成的商标、汉文字和蒙古文字组成的商标;图形商标;图形与文字组合的商标。内容上涉及传统名号、地理标志、非物质文化遗产、地名等,越是外界知名的地理标志、非物质文化遗产等被注册为商标的概率越高，而比较新型的三维图形商标、声音商标等在笔者搜集的具有民族特色的商标中还没有遇到。原因在于民族地区商标意识形成得较晚，对商标领域的了解还不够深入，加之民族文字部分的"图形"审查以及民族特色商标中图形、地理标志等构成要素，相较于其他地区带有地域和民族特色，又不被外界所熟知，很自然的这类较基本形态的商标申请得多，获得注册的概率也较高。

四、民族特色商标的在先性

商标权和在先权利的冲突问题主要体现在《商标法》的规定和 2005 年由国家工商行政管理总局商标局和商标评审委员会制定的《商标审查及审理标准》。根据《商标法》第 32 条规定，商标法保护在先权利，申请商标注册不得侵犯现有的其他任何在先权利，也不得以不正当手段抢先注册他人有效使用的商标。此条文说明的在先权利指的是在有争议的商标申请注册之日之前获得的，除商标权以外的权利，包括字体名称权、版权、外观设计专利权和其他各类权利。它应该合法受到在先权利的保护。[1]该条款中提到的"现有"通常是基于系争商标申请的注册日期，以确定权利是否已经形成，以及它们是否已处于合法的地位。但是，假若在诉讼时已经不再拥有在先权利，此时通常不会影响系争商标的实际注册。

商标的实际作用是用来区别产品和服务，因此，首先应防止注册商标与先前申请或注册的商标发生冲突的情况；并且产品和服务所涉及的权利范围不限于商标权，为防止混淆，注册

---

[1]《商标审查及审理标准》（2016 年），损害他人在先权利审理标准。

商标不得与他人的其他权利发生冲突。《商标法》第 32 条是对该事项法律实质的明确说明，因此，该条规定的现有在先权利是指在系争商标申请注册日之前已经取得的，除商标权以外的其他权利，主要包括其他知识产权及《民法典》中所规定的相关人身权。个人侵犯在先权利的具体体现有：①侵犯版权。未经版权所有者的同意，他人对某版权作品进行商标注册的申请，应当视为侵犯他人在先著作权。著作权人可以申请基于著作权的资格证书，首先公布作品公开的直接证据材料，并根据继承和转让等直接证据材料来验证著作权的存在。如果有争议的注册商标的申请人可以证明其商标是单独书写的，则并不构成对他人的在先版权的侵犯。②外观设计专利权。未经专利权人授权，他人在同一或相似产品上申请专利的外观设计的商标注册，应视为侵犯他人在先外观设计专利权。争议商标与外观设计是否相同或相似，应根据对争议商标和外观设计的整体验证，或者该争议商标的主题的明显部分与主体的主要部分作出判断。③申请注册为标志的商标，该商标具有与先前由他人提交和应用并具有一定声誉的企业名称相同或基本相同的文字。有关人员很容易错误地认为商标所标记的产品或服务项目来自该商号的所有者，或者与该商号的所有者有特殊的联系，从而造成该在先商号权人的权益受到侵犯，因此应将其视为对他人的在先商号权的侵权。④姓名权。未经他人许可，以其原名、艺名或昵称申请注册商标，会损害或可能损害他人的名称权，应视为侵犯了他人的名称权。在整个区分过程中，有必要考虑公众对具有名称权的人的理解程度。⑤肖像权。未经他人许可而以他人肖像申请注册商标，损害或可能损害他人肖像权的，应视为侵犯他人肖像权。尽管一些有争议的商标和其他人的肖像使用不同的构图方法，但它们反映了他人的关键图像特征，并且可能会使公众对肖像的权利持有者的认知产生偏差。

根据我国《商标法》第31条的明确规定我们能够得到以下结论：假若申请注册的商标标识与在先的商标相同或者存在相似之处，或者二者之间存在其他冲突的，那么我国商标审核单位则可立即驳回其有关商标申请注册的所有提案；在质疑程序中，相关权利人还可以在先权利的存有为由提出疑问，进而阻拦相关商标得到注册。针对尽管很有可能与别的在先权利存有矛盾，但早已得到注册的商标，相关权利人能够根据异议程序规定撤销异议商标。依据《商标法》第45条第1款的要求，早已注册的商标，违背此法第13条关于著名商标维护、第31条关于在先权利维护和未注册商标维护要求的，自商标注册之日起5年内，在先权利人或是利害关系人能够要求商标审查联合会判决撤销该注册商标。对恶意注册的，在先权利人不会受到5年的时间限制。

笔者在调研中发现，已经注册的民族特色商标，很有可能与其他在先权存在一定的冲突，并且已经获得申请注册的商标中，此类状况有许多，但是有关权利人并没有根据争议程序的流程规定，撤销争议商标而与在先权利产生了冲突，实践中仍然有效的商标非常多见。原因可以从两个方面分析，首先，从逻辑上推理，在全国各地具有较高知名度或是具备一定知名度的在先权利人，才能够拥有商标申请注册的阻却理由和注册商标的撤销理由。商标权人在申请办理商标注册时，很有可能预见这些早已具备较高销售市场知名度的标识并采取一定的有效措施防止权利冲突，而针对知名度较低的标识无法预见。民族地区的民族特色商标所涉及的在先权利在本地区内往往具有较高的知名度，但由于其区域性民族性，相对于全国则很难被认为是知名或因为民族文字等原因，难以发现它的知名度和影响力。在实践中，民族地区在先权利并没能成为申请商标注册的阻却事由和注册商标的撤销事由。其次是民族地区对商标的认识和使用，还不具备专业性，仅在于给自己的商品或服务确定一个商业标识，对于商标申请的结果只关心能不能注册下来的问题，前期的设计环节缺乏检索分析，对后期的结果也只是默认，不去考虑自己的商标是不是侵犯了他人的在先权利或他人侵犯了自己的在先权利，即使觉得不妥也很少能够通过正当程序阻止他人申请商标注册或者撤销注册商标，基本上的商标权保护意识都还没有形成。从而也很有可能造成全部的申请注册商标权都处在权利不稳定的情况下。除此之外，从社会公平视角考量，这类做法很有可能导致严重的不平衡问题，对于消费者而言，易产生"联想"，为了识别商品或服务的来源造成的成本较大，造成社会成本急剧增加，造成民族地区商标领域的混乱。

第二节　民族特色商标权的取得程序

一、民族特色商标设计程序的保护

随着当今科学技术的快速发展，包装、印刷、拍摄、设计的处理方法和图像传输的功能变得越来越重要。这种非语言表达方式具有与语言表达方式相匹敌的市场竞争能力。商业服务中标志是独特的传输方式之一。标志是解释事物特征的标记。它使用简单，其明显且易于识别的图形或字母符号作为视觉语言,除了可以代表其产品或服务项目的来源外,还具有实际的表达含义。标志是人们进行视觉交流的一种独特方法,它不仅在社会实践活动以及生产和制造活动中无处不在,而且还有关键和独特的商誉功能。商标被人们赋予文化信息,包括阶级、性别、教育、价值观等。因此有学者指出,商标成为价值指示状态,代表使用商标的人的喜好以及愿望。[1]

从《商标法》的全文来看,并没有直接涉及商标设计。笔者认为商标设计很重要,在设计商标之初,就应认识到所设计的商标是否具备商标的实质性要件,是否符合商标的审查和审理标准。在民族地区,民族特色商标的构成涉及民族文字、符号、传统名称、地理标志、非物质文化遗产等区域性、民族性较强的要素,但在审查环节是全国范围审查,它积极的一面是,民族特色商标在审查环节显著性相比其他商标较强;消极的一面是民族特色商标的这些构成要素在当地的显著性并不明显。创建商标时要考虑的法律要素是:其一,商标的组成。根据我国《商标法》第8条的规定,任何能够将自然人、法人或其他组织的商品与其他商品区分开的标志,包括文字、图形、字母、数字、三维标志、颜色组合和声音等以及上述要素的组合,都可以注册为商标。其二,商标的显著鲜明特征。商标的独特性或可识别性是其显著特征。无论其文本、图形还是文本和图形的组合,它都必须是新颖、独特的并且与其他商标不同。其三,商标的颜色。商标颜色的含义对于品牌来说是不容忽视的。颜色不是商标的法定要素,通常不能单独用作商标的组成部分。但是,颜色也是品牌不可或缺的一部分。《商标审查及审理标

---

[1] Jason Bosland, "The Culture of Trade Marks: An Alternative Cultural Theory Perspective", *MediadcArts Law review*, Vol 10, Issue 3 (2005), p.112.

准》规定了其他缺乏鲜明特征的商标,是指通常情况下没有参照《商标法》第 11 条第 1 款第 1、2 项以外的商标。如图 2-9 和图 2-10 所示,包含单一颜色并不重要,但是如果在注册后需要更改商标颜色,则将其视为商标图形的更改,必须重新注册。其四,商标文字和图形的禁止使用。某些文字和图形不能注册为商标标志使用。我国《商标法》第 10 条和第 11 条对此已有明确规定。在设计商标时,应避免在商标元素中使用这些元素。

图 2-9

图 2-10

二、民族特色商标申请审查程序

商品制造商和经营者在其生产、制造、加工、选择或提供的商品或服务中使用商标。它们通过文字、图形、字母、数字、三维符号、颜色或声音等区分商品或服务的来源,独特的符号是现代经济的产物。在商业领域中,包括文字、图形、字母、数字、三维符号、颜色和声音以及上述元素的组合的标志可以注册为商标。国家认可和注册的商标是"注册商标",并受法律保护。

商标注册是合法的申请过程。该申请由商标申请人提出,初步审查和通知将在商标局审查后公布。如果没有异议或确定异议是没有根据的,则商标注册应生效并受法律保护,商标注册人应拥有商标的专有使用权。批准或拒绝商标申请没有法定期限。商标局审核发行后将发布商标，然后批准商标注册证。商标的审查期限可能随时变化，具体取决于商标局内部审查的速度。注册商标的有效期为自注册批准之日起十年。如果注册商标过期，而使用者还有必要继续使用它，可提交商标注册续展申请，那么该商标可以申请商标续展注册。

商标注册申请会涉及初始商标检索，初始商标检索是指在提交注册申请之前，检索商标注册申请人或其代理人申请的商标与在先权利的商标是否相同或相似。初始检索不是注册商标申请的必要步骤。检索范围也仅限于自搜索之日起进入商标局数据库的注册商标和有需求的商标，并且不包含以前的或正在审查中在先权利信息。另外，检索结果不具备实际效益，其有效性仅供参考，并非商标局批准或拒绝该申请的依据。

商标的申请程序在我国商标法中已经非常明确。即申请人（个人或企业等）委托—商标代理组织递交文件—国家商标局收材料（书面审查）合格—国家商标局申请除权（形式审查）—不合格（退回补正）；国家商标局收材料（书面审查）不合格—退回不予受理。其中前期检索分析并不是商标申请必经程序。

对于民族特色商标而言，反而初期检索分析显得尤为重要。首先，商标局数据库中对于民族特色商标的构成要素，如民族文字、地理标志、传统名号等要素的收集不足，在先申请的相同或相近似的商标在查询时，会使查询结果无法反映，这也是民族地方各工商行政管理部门及授权的地方商标受理窗口以及商标代理机构强化前期检索分析的必要性。其次，民族文字以"图形"审查，导致相同含义的民族文字注册在不同商标或组合商标中，但仅查询了图形部分，而未查询申请商标中的民族文字部分，从而会导致注册商标的相同或近似。再次，由于民族地区没有形成类似民族传统名号、地理标志方面的智库等，商标的初期检索分析只能是通过代理人的一般标准或经验来进行，所以最终的分析结果并不准确。再次，在民族特色商标中，由于民族文字的"图形"审查，虽然是相同的商标名称，但因所提供的设计稿的字体、颜色、结构排列等不同而不构成相同或近似，进而通过审查。也有与此相反的情况，商标设计图案由蒙古文字组成，但因为民族文字的"图形"审查，恰好该蒙古文字的"外观"，即其书写字体、颜色、结构看起来像某一个字或图而不通过审查。例如，"ᠬᠥᠬᠡ ᠭᠣᠪᠢ"商标，翻译为"湖蓝戈壁"，在审查过程中，认为其"图形"与汉字"起"字相似，没有审核通过。笔者走访了该商标持有人，呼和浩特市湖蓝戈壁服饰有限公司总经理毕力格，了解了商标申请经过。

  笔者：您好！看了您公司的商标，想了解一下您申请商标的过程。

  毕力格：可以。我们公司现在名下注册使用的有两个商标，以前也申请过一个商标，没有通过。

  笔者：什么原因没有通过呢？

  毕力格：当时那个商标是我自己设计的，也叫"ᠬᠥᠬᠡ ᠭᠣᠪᠢ"，在审查的时候，说与汉字"起"字相似，就没有通过。

  笔者：这个商标后来再申请过吗？

  毕力格：申请了。2015年申请成功了，后来再申请时除"ᠬᠥᠬᠡ ᠭᠣᠪᠢ"部分外，我还增加了一些图案。

  笔者：您的另外一个商标是什么时候申请的？

  毕力格：是2017年申请成功的。这个商标我专门找了设计师设计了商标图案，感觉线条感很强，整体外观上很有美感。

  笔者：出于什么原因，要请设计师设计商标图案呢？

毕力格：主要是考虑我们的商标能给人美感的同时，也能让人们记住，太复杂了反而大家就不注意了，也是想让商标能带动更好的市场机遇吧。

笔者：您申请商标时找商标代理公司了吗？

毕力格：找了，打电话联系的，他们经常会有宣传信息。

图 2-11　毕力格提供的商标图案图 Ⅰ　　2-12　毕力格提供的商标图案 Ⅱ

第三节　民族特色商标的保护范围

一、民族语言文字

语言文字在商标中有着非常重要的作用。商标因其识别功能，经营者将语言文字、图形、图腾等符号作为商标的构成要素，作为自己商品或服务的商业标志。我国《商标法》是从 1983 年开始施行的，到现在共修改过四次，2013 年的修改确立了"文字、图形、字母、数字、三维标志、颜色组合和声音等，以及上述要素的组合"的商标要素，文字要素一直是核心。在民族地区，目前笔者所收集和查阅的民族特色商标中，还没有涉及三维标志及声音商标，主要以文字、图形、字母、数字或以上述要素组合的商标为主，其中文字商标在民族特色商标中的比例居高。

  据笔者统计，西乌珠穆沁旗目前已统计在册的260件商标中40%左右的商标为纯文字商标，90%的商标为文字、图形、字母组合的商标；正蓝旗目前已统计在册的267件商标中55%左右的商标为纯文字商标。对所收集的民族特色商标进行归纳分析，具有文字要素的民族特色商标中涉及的商标法律问题较为集中，可以归纳为以下几点：一是在民族特色商标中可以看到蒙古文字书写错误的现象，尤其在早期的民族特色商标中较为多见。随着民族特色商标的发展，除翻译、音译的民族特色商标以外，形成了注重蒙古文字源含义的特色商标，这一阶段蒙古文字的错误使用情况有所减少。民族文字的错误使用不利于民族语言文字的传承和保护，另外对于商标而言，根据《商标法》第49条的规定，商标注册人在使用注册商标的过程中，不能自行改变注册商标，更改注册商标需经过一定的程序，由于商标一经注册，轻易不改变，从而错误的文字标志延续的时间较长。二是缺乏显著性。下列蒙古文字要素构成的商标如图2-16 "ᠰᠤ" 为马奶；图2-17 "ᠬᠥᠷᠢᠶᠡ ᠊ ᠲᠣᠭᠤᠭᠠᠨ" 意为库伦荞面；图2-7 "ᠮᠢᠬᠠᠨ" 意为肉饼，都属于通用名称，不具有显著性。另外一类将蒙古文字以汉文字读音表达，其含义在民族地区不具有显著性，如图2-5 "察干伊德" 意思为奶食；图2-8 "艾日格" 意思为酸奶；图2-18 "那达慕" 指蒙古族传统那达慕盛会。三是因审查环节不识别蒙古文字，相同含义的同一蒙古文字以不同书写体注册在不同的商标上。如图2-13、图2-14、图2-15中的蒙古文字是相同的，但是设计时的字体、颜色、结构排列不同，注册在不同的商标之上。

第二章 民族特色商标权取得及保护范围

图 2-13　　　图 2-14　　　图 2-15

图 2-16　　　图 2-17　　　图 2-18

二、民族传统名号

我国是多民族大国，拥有 56 个民族，每一个民族都有自己独特的民族文化、民族传统。各民族团结奋进，共同前进，弘扬各民族的优秀传统文化、保护和尊重各民族的传统文化是铸牢中华民族共同体意识、促进民族团结的必备条件。

传统名号是一个民族在长期的生存发展过程中形成的、凝聚的传统文化、传统知识被外界所识别并形成了一定商誉价值的名称、标志的概称。严永和在其《论商标法的创新与传统名号的知识产权保护》一文中，将传统名号归纳为传统部族或传统社区所有的，凝结和表达其传统知识商誉的各种长期存在的传统性名称、标记、符号等，传统部族名称、传统部族图腾等是最典型的传统名号。传统名号具有商号、商标等商业标志性功能，是一种颇有价值的经营性资信和竞争资源，能够为持有人在市场竞争中带来某种竞争优势。[1]

我国的民族由于自然资源、生活条件、生活方式、文化历史背景等不同的因素，形成了各自不同的代表传统知识商誉的传统名号。而在民族地区的民族特色商标中，对此类传统名号的不合理使用情形较为多见。通过商标搜索窗口搜索"敖包"（图2-19），显示26件商标记录，其中注册申请中1件、商标无效11件、已注册14件。搜索"成吉思汗"（图2-20）显示177件商标记录，其中驳回复审完成2件、注册申请中1件、商标无效133件、已注册41件；搜索"乌珠穆沁"（图2-21），显示22件商标记录，续展不予核准1件、注册申请中1件、商标无效17件、已注册3件；搜索"苏尼特"（图2-22），显示25件商标记录，其中驳回注册申请完成1件、驳回待复审4件、注册申请中1件、商标无效17件、已注册2件。"乌珠穆沁""苏尼特"均为内蒙古锡林郭勒盟的一个旗名，并因其名称的来源，在当地具有深刻文化内涵。另外如图2-23"蒙郭勒"为蒙古语"蒙古"的汉语读音，其商标是蒙古文字"ᠮᠣᠩᠭᠣᠯ"（蒙古）和汉文字"蒙郭勒"的组合商标。对于此类代表一定文化内涵的商标来说，它的寓意是深远的，不能仅考虑其字面的含义和识别功能，而忽略其背后的文化内涵。首先，商标一经注册便具有了排他性的商标专用权，将传统名号不合理地注册为商标，其所代表的商誉便归属于单一的商标注册人，降低了整个族群在此传统名号上的知识产权利益。其次，商标申请人可能并不

---

[1] 严永和:《论商标法的创新与传统名号的知识产权保护》，载《法商研究》2006年第4期。

是来源于该传统名号代表的区域或族群，其实质具有一定的欺骗性，即《商标法》第 10 条第 7 项规定的"带有欺骗性，容易使公众对商品的质量等特点或者产地产生误认的"情形，故此类商标是不能成立的。最后，此类商标的数量居多，注册于相同或相类似的商品或服务及不相同、不类似的商品或服务之上，对于消费者而言增加识别商品和服务的成本，不利于优化营商环境。

图 2-19

图 2-20

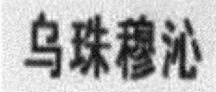

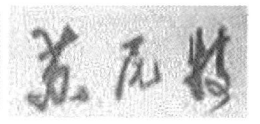

图 2-21

图 2-22

图 2-23

三、民族非物质文化遗产

国务院《"十三五"促进民族地区和人口较少民族发展规划》提到了民族文化遗产的保护和传承。加强对人口稀少民族的文化遗产的保护，加快收集珍稀的民族文物，实施对濒危文化遗产的抢救，加强对濒危文化资源的建设，大力抢救国家传承的非物质文化遗产项目。加强保护列入国家和省级非物质文化遗产名录的人口稀少的民族的文化遗产,对继承非物质文化遗产的人们进行研究和培训,扩大其参与范围,提高其整体素质。

当下,非物质文化遗产保护面临的一大挑战是商品化、商业化,其带来的后果是对相关社区社会、经济和文化权利的剥夺,乃至形成知识产权的长期攫取。[1]国务院《"十三五"促进民族地区和人口较少民族发展规划》提到,保护传承民族文化遗产。加大对人口较少民族文化遗产的保护力度,加快征集珍贵民族文物,对濒危文化遗产进行抢救性保护,加强濒危文化资源数字化建设,精心实施国家级非物质文化遗产项目代表性传承人抢救性记录工程。[2]

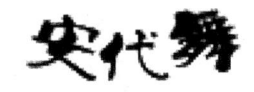

图 2-24

图 2-25

2006年,蒙古族安代舞(图 2-24、图 2-25)经国务院批准列入第一批国家级非物质文化遗产名录。[3]通过商标搜索窗口搜索"勒勒车"(图 2-26)显示 35 件商标记录,其中注册申请中 1 件、商标无效 5 件、已注册 29 件。蒙古族勒勒车也于 2006 年

---

[1] 朝戈金:《联合国教科文组织〈保护非物质文化遗产伦理原则〉:绎读与评骘》,载《内蒙古社会科学(汉文版)》2016 年第 5 期。

[2] 国务院《关于印发"十三五"促进民族地区和人口较少民族发展规划的通知》(国发〔2016〕79 号)。

[3] 国务院《关于公布第一批国家级非物质文化遗产名录的通知》(国发〔2006〕18 号)。

被国务院批准列入第一批国家级非物质文化遗产名录。[1]搜索"马头琴"（图2-27）共显示71件商标记录，其中注册申请中4件、商标无效27件、已注册40件。2006年5月20日，蒙古族马头琴音乐经国务院批准列入第一批国家级非物质文化遗产名录。[2]2009年4月，蒙古族马头琴经国务院批准列入第一批国家级非物质文化遗产名录。搜索"那达慕"（图2-18），显示71件商标记录，其中驳回复审完成1件、驳回待复审1件、注册申请中1件、商标无效63件、已注册5件。"那达慕"为蒙古族传统盛会和节日，是传统的民俗文化活动，具有深刻的文化内涵，2019年已被列入《国家级非物质文化遗产代表性项目保护单位名单》。

图 2-26

图 2-27

---

〔1〕 国务院《关于公布第一批国家级非物质文化遗产名录的通知》（国发〔2006〕18号）。

〔2〕 国务院《关于公布第一批国家级非物质文化遗产名录的通知》（国发〔2006〕18号）。

第三章
民族特色商标法律保护的实证考察

我国拥有 56 个民族，是一个多民族国家，我国在民族聚居的地区实行民族区域自治制度，民族地区可以行使自治权来管理地方事务。现阶段，我国的 155 个民族自治地区包含 5 个民族自治区，30 个民族自治州和 120 个民族自治县。我国少数民族人口占我国总人口的 9.5%。[1] 民族地区特有的传统文化遗产、民族风情、气候条件、人文地理伴随着民族特色产业的发展进而形成了具有民族特色的商标文化。民族特色的商标文化的形成有多方面的因素，例如经济发展带动民族地区特色产业发展、文化性因素、社会性因素等，而这些因素涉及民族地区方方面面的客观条件。对民族特色的商标进行研究，首先要对它作出界定，深入了解其特征，其次对其形成的各种因素进行分析，如研究区域的基本概况和民族特色商标的基本现状，实质地、客观地进行考察和分析有利于进一步深入挖掘民族特色商标法律保护的价值和深层原因，从而进一步提出合理有效的对策建议，保障民族特色商标的发展，促进民族地区特色经济的可持续发展。

---

[1] 参见 http：//www.seac.gov.cn/col/col121/index.html，访问日期：2022 年 5 月 4 日。

第一节　内蒙古民族特色商标的基本概况

考虑到研究区域的自然条件、生活方式、语言特点、人文习俗的不同以及民族特色产品生产经营的集中程度，本章特选取了呼和浩特市、通辽市、兴安盟、鄂尔多斯市、锡林郭勒盟西乌珠穆沁旗、阿巴嘎旗、正蓝旗为田野点进行实地调研和问卷调查，并对所取得的数据和商标图样进行了数据比较和典型性论证。比较研究发现，各地区商标的统计管理、商标构成要素方面存在明显的差异性，研究结论显示，对于民族特色商标的法律保护的研究不能泛泛而谈，要善用田野调查和实证研究方法，深入当地的生活，理解当地民族特色产业的经营模式，认识当地的风土人情，独特广阔的民族学方法才能完全解析其内涵。内蒙古自治区的蒙古族较为集中，处于聚居的形态，较好地保留了传统文化和生活习俗，民族特色较为鲜明。内蒙古是民族区域自治制度的发源之地，内蒙古的发展历程是民族区域自治制度在社会主义中国的成功实践，历史悠久、民族传统文化浓厚，传统文化保留较好，具有很好的代表性。

一、内蒙古民族特色商标分布概览

笔者于 2018 年 7 月至 8 月走访了锡林郭勒盟苏尼特左旗、苏尼特右旗、阿巴嘎旗、锡林浩特市，12 月走访锡林郭勒盟西乌珠穆沁旗、东乌珠穆沁旗；2018 年 12 月赴内蒙古自治区兴安盟乌兰浩特市、通辽市进行调研访谈。2019 年 6 月、2019 年 7 月至 8 月走访了锡林浩特市工商、统计、科技局等部门，还深入阿巴嘎旗、正蓝旗、镶黄旗等旗县相关部门展开田野调查。

2019年12月，笔者赴赤峰市展开了实地调研，主要走访了蒙古族较为集中的阿鲁科尔沁旗和翁牛特旗。2020年6月、7月赴鄂尔多斯市实地调研，主要走访了鄂托克旗、鄂托克前旗、乌审旗，了解当地的商标注册及使用情况。2020年11月，赴乌兰察布盟市集宁区、四子王旗等地进行了实地调研，期间对收集整理的商标进行分类，并结合电话访问的形式，与商标持有人进行访谈，了解其设计商标图案、申请途径、使用情况等信息。除此之外，对蒙古族经营商户较为集中的呼和浩特蒙古商城购物中心及锡林浩特蒙古商城购物中心进行了实地走访，通过访谈了解商户的经营情况以及商标注册使用情况，对于有些未能实地调研的地方，通过当地熟人介绍，与当地相关部门联系，并在其允许和协助下收集了相关的商标数据及图样。其次收集整理了140份对蒙古族经营商户进行的调查问卷，针对性地了解了经营商户商标意识及商标注册使用情况。在实地调研中主要是深入民族地区的企业、农村牧区合作社、创业团队、博物馆，并与一些创业人员、商标收藏者等进行了访谈。

实地调查过程中，一是通过市场监督管理部门了解当地的商标注册情况、商标申请途径以及商标申请的初期检索、商标注册后的监督管理。二是走访当地知名企业、农村牧区合作社、当地较有影响的经营商户等了解商标的申请注册情况，并在期间收集商标图样以便归类，并结合调研的内容予以分析。如在锡林郭勒盟调研时走访了新呼德牧业合作社，在兴安盟调研时走访了万佳食品有限公司，在通辽市调研时走访了罕山食品加工有限公司等。三是经熟人介绍走访参观了锡林郭勒盟东乌珠穆沁旗博物馆，与额日和巴图馆长进行了访谈交流，参观了额日和巴图馆长的商标收集展览。四是对所收集的商标图样归纳整理的过程中,通过电话询问的形式了解具体商标的设计初衷。申请途径以及使用情况。五是针对从事生产经营活动的蒙古族商户进行了问卷调查,共收集了有效问卷140份。

表3-1 各地区注册商标情况一览表

(截至2020年12月31日)

盟市/商标总量(件)	商标总量	驰名商标	著名商标	知名商标	地标商标	盟市/商标总量(件)	商标总量	驰名商标	著名商标	知名商标	地标商标
呼和浩特市	65 493	17	113	207	19	乌兰察布市	10 723	5	34	69	27
包头市	28 266	14	96	266	15	鄂尔多斯市	31 219	8	76	195	8
呼伦贝尔市	14 296	4	57	107	4	巴彦淖尔市	16 775	6	83	153	6
兴安盟	7805	1	41	0	4	乌海市	3098	1	24	9	1
通辽市	15 571	11	72	130	16	阿拉善盟	3834	1	25	17	5
赤峰市	27 970	13	90	214	39	满洲里市	1522	0	12	16	0
锡林郭勒盟	9173	3	43	76	18	二连浩特市	666	0	10	5	0

表3-2 兴安盟地理标志(商标及保护产品)统计表(部分)

(填报单位:兴盟市场监督管理局)

名称	申请日期	申请号	申请人	商标状态	类别
兴安盟大米	2013年10月8日	13322303	兴安盟农牧业产业化	注册成功	30

续表

名称	申请日期	申请号	申请人	商标状态	类别
			龙头企业协会		
乌兰浩特大米	2017年6月27日	25007481	乌兰浩特农副产品发展协会	注册成功	30
突泉小米	2018年12月10日	35189419	突泉县龙头企业协会	注册成功	30
突泉绿豆	2018年12月10日	35189421	突泉县龙头企业协会	注册成功	30
兴安盟牛肉	2020年7月29日	48505223	兴安盟龙头企业协会	2020年7月29日申请收文	29
科右沁右翼前旗沙果	2020年1月2日	43509815	科右前旗沙果协会	2020年8月26日等待意见书回文	29

笔者在实际调研访谈过程中，了解到各地区对于注册商标的监督和管理模式基本相同。首先在商标数量统计方式上都是以国家商标局大数据为准，确定地方的注册商标具体数量。因商标数量较多，笔者从地方市场监督管理部门获得的商标有关的信息，大部分为统计数据，没有进行商标图样收集归纳，如表3-1、表3-2。其中，锡林郭勒盟西乌珠穆沁旗、阿巴嘎旗、正蓝旗等地区的注册商标统计做了图样收集，如表3-3、表3-4。其次，对民族特色商标的认识程度基本相同，即没有对商标

中的民族特色要素予以考量，没有将民族特色要素作为影响商标侵权认定的一个因素。再次，因为没有对商标中的民族特色要素予以考量，也不存在从民族特色要素的角度对注册商标予以监督和管理，还没有形成从民族文字、图腾、民族传统名号等要素考量的角度对商标进行监督和管理的意识，从而这类商标不具备合法性和正当性要件的情形较普遍。

表 3-3

134		10519537	30	面包、蛋糕、馒头、米饭、包子	2013.5.28	正蓝旗长虹乳制品厂	正蓝旗长虹乳制品厂	4222562	否	普通商标
135	老蓝旗	10542791	30	白糖、红糖、奶片、天然增甜剂、麦芽糖等	2013.4.28	正蓝旗长虹乳制品厂	正蓝旗长虹乳制品厂	4222562	否	普通商标
136		10557307	22	蒙古包、吊床、羊毛绒、帐篷等	2013.6.7	正蓝旗上元蒙古包厂	正蓝旗上元蒙古包厂	13947986893	否	普通商标
137	滦京	3205411	32	矿泉水、饮料制品	2003.11	正蓝旗滦京天然矿泉水有限责任公司	正蓝旗滦京天然矿泉水有限责任公司	4222110	否	普通商标

表 3-4

68		10924508	29	食用油	2013年8月21日—2023年8月20日	西乌珠穆沁旗油好粮油加工有限公司
69		10989838	29	肉类	2013年9月21日—2023年9月20日	西乌珠穆沁旗塔林宝肉业合作社
70	多彩西乌	11104210	39	旅游	2013年11月7日—2023年11月6日	西乌珠穆沁旗原之行旅行社
71	男儿三艺	11104747	41	体育、培训	2013年11月7日—2023年11月6日	西乌珠穆沁旗原之行旅行社
72		11049465	7	农业机械	2013年10月21日—2023年10月20日	徐艳东15252619731114271
73	锡林河	11535482	33	酒类	2014年2月28日—2024年2月27日	西乌珠穆沁旗锡林河酒业有限公司

二、民族特色商标的问卷调查分析

（一）调查对象特点

调查对象有其独特之处（如表3-5），调查对象的性别方面，男性的比例是40%，女性的比例为60%。这种情况，主要是因为民族特色商品经营中奶食类、餐饮类、民族服饰类等占比较多，也以女性经营者居多。在被调查者的年龄结构上看，年龄在20岁至30岁的占22.1%，30岁至40岁的占46.4%，40岁至50岁的占23.5%，50岁至60岁的占7%，60%以上的占1%。从上述年龄结构可以发现，当前创业者中年轻人比较多，也比较注重产品的质量和品牌。被调查者的学历结构方面，小学及以下文化程度的比例为1%；初中的占比为2.86%；高中的占比为7.14%，大学文化程度的比例为80%，硕士占比为7.7%，博士占比为2.3%。数据显示，大学毕业的学生选择创业的人数在不断增加，在发放问卷过程中也了解到，大部分大学生创业的同时也在继续学习，努力提高学历或学习与自己经营相关的知识。目前民族特色产业的经营者中高层次人才匮乏，也是民族特色产业规模化发展的不利因素之一。被调查者的职业情况方面，由于在发放问卷调查时，专门针对民族特色产业相关的经营者发放，并没有对具体经营范围进行详细统计。

表3-5 调查对象基本情况

项目	类别	人数	百分比
民族	蒙古族	140	100%
性别	男	56	40%
	女	84	60%

续表

项目	类别	人数	百分比
年龄	20-30 岁	31	22.1%
	30-40 岁	65	46.4%
	40-50 岁	33	23.5%
	50-60 岁	10	7%
	60 岁以上	1	1%
学历	小学及以下	1	1%
	初中	4	2.86%
	高中	10	7.14%
	大学	112	80%
	硕士	10	7.7%
	博士	3	2.3%
职业	经营商户	140	100%

（二）调查内容分析

调查问卷以"民族特色商标注册使用情况调查"为标题，共设计了21个问题，为便于调查统计，题目设为单项选择题、填空题和多项选择题。问卷内容涉及民族特色商标的设计、民族特色商标申请途径、民族特色商标中构成要素的选择、商标使用情况等，以从事生产经营的蒙古族为调查对象，深入了解生产经营者对于民族特色商标保护的认识，目的在于让生产经营者认识到，在商标中运用民族特色要素时，追求民族特色的同时，避免违反商标法的宗旨，避免引起消费者混淆，更应注重所注册商标的正当性。下面结合问卷调查和访谈内容，对调查样本进行分析。

1. 经营者申请注册商标情况

经营者申请注册商标的情况如图3-1所示。根据调查结果，有65.71%的经营者没有申请注册商标，只有34.29%的经营者申请注册了商标。这说明大部分经营者对商标的价值和作用没有形成正确的认识，缺乏商标运营意识。没有掌握商标投入的价值及收益，没有形成商品的品牌化意识，忽略了商标所带来的商誉价值。从另一方面也反映出这些经营者缺乏自我保护意识，没有长远的规划。在问卷调查发放过程中，有些经营者也表达申请注册商标的愿望，大部分经营者有自己使用的商标，但因为平日经营忙碌等没能将申请注册提上日程。

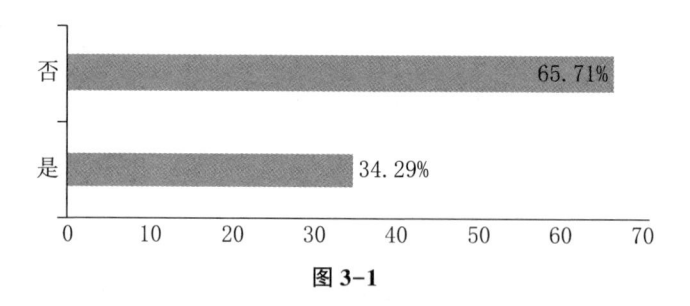

图3-1

2. 经营者所从事的经营范围概况

在发放问卷调查时将调查范围限定在从事经营活动的蒙古族，从而对经营范围并没有作出详细的统计，主要以涉及的行业做了大体统计。图3-2所示的结果显示，大部分为民族服饰、民族饰品、珠宝、奶食、牛羊肉类产业以及具有民族特色的平面设计等。这些民族特色产业的生产经营处于较传统的经营模式，由于消费者对"原汁原味"的追求，大部分经营者迎合这一需求更加崇尚传统的经营模式，过硬的原材料、简单的制作方法成了一种经营形态，从另一方面也阻碍了使用高新技术的新领域的发展,对于此类民族特色产业的进一步发展来说是一种羁绊。

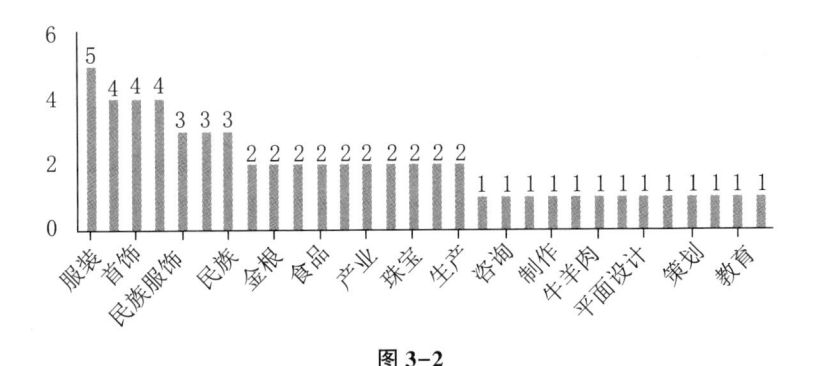

图 3-2

3. 经营者已申请注册商标中的构成要素选择情况

对于选择商标构成要素方面,调研数据显示通用文字占比17.15%,少数民族文字占比23.57%,图形占比5.72%,传统人物占比0.71%,地理标志占比0.71%,图腾标志占比0.71%,颜色组合占比0.71%,非物质文化遗产占比1.43%,上述一种或两种以上标志组合占比9.29%,其他占比44.86%,被调查者均为蒙古族。占比第一位的是"其他"选项,笔者通过电话访谈,了解到大部分选"其他"选项的经营者认为,自己的商标设计是原创的,既不属于文字也不属于图形及文字图形结合;还有一部分经营者回答,是因为不清楚属于哪一类元素,就选择了"其他"。

图 3-3

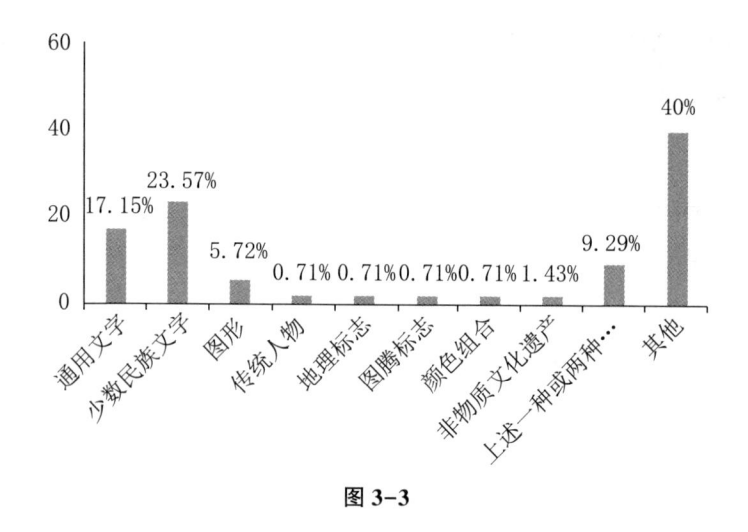

4. 已注册商标中因不使用被撤销情况

调查数据显示,在已注册商标中因不使用被撤销的占比是 7.86%,占比 92.14% 的商标未使用没有被撤销。申请注册商标的初衷应以使用为目的,商标申请人一开始就应该有在自己经营的商品或者服务上实际使用所申请商标的意图,"赋予从一开始就没有在生产经营活动中实际使用意思的商标注册申请人全国地域范围内的排他权,将会造成严重的商标圈地现象,过度妨碍他人选择和使用商标的自由,与商标注册主义的宗旨不符"。[1] 商标在没有正当理由连续三年不使用的情况下,任何单位和个人都可以对该商标向国家商标局申请撤销,从而避免商标抢注与囤积。

---

[1] 李扬:《商标法基本原理》,法律出版社 2018 年版,第 22 页。

有：7.86%

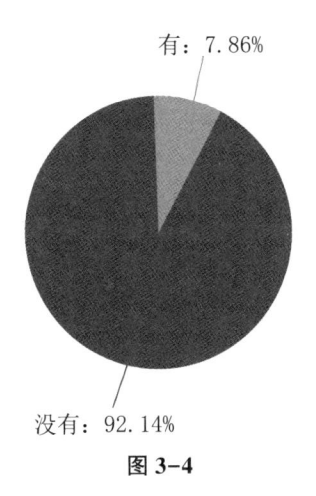

没有：92.14%

图 3-4

5. 商标申请人设计商标时考虑使用的商标构成要素情况

商标的设计完全是商标申请人个人的选择，只要不是我国商标法所禁止的文字、图形、三维标志、数字等都可以成为商标的构成要素。民族特色商标的界定以及民族特色商标的混淆、侵权现象、法律保护困境都与商标构成要素中的民族特色要素即民族文字、具有民族特色的图案、图腾、民族传统名号、民族非物质文化遗产等有着直接的关联。问卷调查的数据显示，大部分经营者在申请注册商标时会使用少数民族文字，占比是 52.86%；选择使用民族图腾、符号的占比是 33.57%；选择使用通用文字的占比是 42.86%，这里我们也应考虑到，有一部分民族特色商标是通过汉字表达的，但含义却不是其字面的含义。

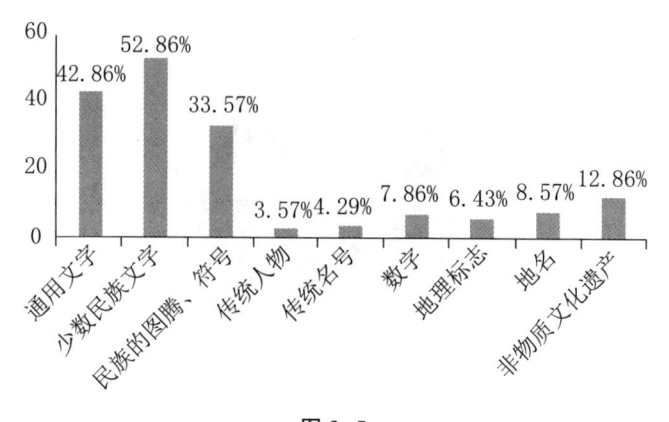

```
60 ┤
     52.86%
50 ┤ 42.86%
40 ┤        33.57%
30 ┤
20 ┤
10 ┤              3.57% 4.29% 7.86% 6.43% 8.57% 12.86%
 0 ┴
   通用文字 少数民族文字 民族的图腾、符号 传统人物 传统名号 数字 地理标志 地名 非物质文化遗产
```

图 3-5

第二节　民族特色商标的立法保护

《商标法》对商标的形成要素进行了明确的定义，重点是关于商标显著性的规定。所有符合显著性标准的标志都可以申请注册商标，商标注册申请一般由知识产权局（商标局）垂直审核，其他地区没有审核权限，各地方工商行政管理部门具备的是对商标的监督和管理职权，在商标申请注册审核环节上没有权限，特别是基层的工商行政管理部门对于商标的注册环节无法完全做到知晓和查明，更谈不上对民族地区的民族特色商标进行归类保护。

一、民族特色商标的国家立法保护

（一）《民法典》对商标的保护性规定

1. 《民法典》公序良俗原则与商标

2020 年 5 月 28 日通过的《民法典》共 7 编，包括总则、物权、合同、人格权、婚姻家庭、继承、侵权责任，未设知识产权编。但《民法典》中包含许多有关知识产权法律制度的规定，这些规定分散在各个章节中。例如，在物权、合同、婚姻家庭编中涉及知识产权财产权、商业秘密保密、强制性规定等的内容，都各自有明确规定。关于知识产权有两项明确的规定。它们分别在总则编民事权利章节内以及侵权责任编损害赔偿章节内。首先是涉及知识产权权利本身的《民法典》第123条的规定：民事主体依法享有知识产权。知识产权是权利人依法对作品；发明、实用新型、外观设计；商标；地理标志；商业秘密；集成电路布图设计；植物新品种以及法律规定的其他客体享有的专有的权利。其次是对惩罚性赔偿的专门规定，即《民法典》第1185条规定的："故意侵害他人知识产权，情节严重的，被侵权人有权请求相应的惩罚性赔偿。"

全国人大法工委认为《民法典》目前没有纳入知识产权编，一是我国的知识产权立法采用专利法、商标法、著作权（版权）法，以及反不正当竞争法等法律民事特别法的立法方式。《民法典》调整的是平等民事主体之间的民事法律关系，而为与相关国际条约保持总体一致和衔接，我国知识产权立法既规定公民权利等内容，也规定行政管理等内容，从而难以抽象出不同类型知识产权的一般性规则。二是知识产权制度发展变化较快，目前将知识产权法律规范纳入《民法典》，难以保持其稳定地运用。基于上述的种种原因，在我国的知识产权法立法中，选择民事特别法的立法方法仍然是适当的。对于种种不同的要求，仍将通过知识产权单行法的实施，并根据知识产权单行法改进相关的规章制度，相关的规章制度则更合适完善知识产权的保护。所以现阶段不适合在民法典中建立知识产权编。

2. 从"公序良俗"原则看"以欺骗手段"注册商标

我国在制定《民法典》的初期,立法者初次将公序良俗作为《民法通则》的基本原则的一部分。《民法典》第8条规定,民事主体在进行民事活动时,不得违背公序良俗。"公序良俗"可以分为两类,分别为公共秩序以及善良风俗。[1]这两个概念的含义很普遍,它们的内在含义随着社会的发展趋势而不断变化。公共秩序是指社会权利和利益,包括国家主权、社会秩序和社会公共利益。善良风俗,即一般的道德观念或良好的道德习惯,包括社会道德。商业道德和社会风尚。善良风俗具有一定的时代感和地方感,并且随着社会成员广泛道德观念的变化而改变。社会秩序是基于规范社会外部的社会纪律,习俗和习惯是基于规范群众意识。随着《民法典》的实施,"公序良俗"将不再局限于每个人心目中的社会道德评价,而是判断民事行为的法律效力的重要环节;它的使用价值取决于道德规范的引入和应用。它具有扩大法律渊源和弥补法律体系漏洞的作用。在司法实践中,当严重损害社会公共利益时,必须适用法律法规对某人的行为进行规范,但实际适用规范尚不明确时,法官可以适用公共秩序和善良风俗标准作出裁判,以此弥补现实法律法规的不足和空白。采用公共秩序和善良风俗的标准,可以弥补私法的不足,促进社会道德,建立稳定的社会纪律,使个人得失与社会公共利益相协调。

公序良俗的标准也反映在我国《商标法》中,尽管知识产权法不能单独编列在《民法典》中,可它依旧是民法里的特别法,而《民法典》的基本原则对其也起着主导意义。在《商标法》第44条第1款中关于"以欺骗手段或其他不正当手段取得

---

〔1〕 王利明:《民法总论》(第2版),中国人民大学出版社2015年版,第58页。

注册"的规定是对《民法典》公序良俗标准的实际反映。该规定要求，如果注册商标已经通过欺诈或其他不正当手段进行了注册，则该商标应由商标局予以注销；该企业或其他企业可以请求商标审查联合会决定注销该商标。基于此结合《民法典》的公序良俗的标准，这项要求的法律精神实质是维护良好的商标注册，建设良好的商标市场管理方法。根据维护公序良俗的规定，违反《商标法》第44条第1款不能注册为商标，更不用说用作商标运行了，也就是说，在任何申请中都不可能被批准为成功商标。对于已经被注册的商标，管理部门可以按照其职责随时声明为无效。其类型主要分为"破坏商标注册纪律，危害公共利益，不正当拥有公共资源网络或通过在线舆论监督谋取不正当权益的欺骗手段"。

《商标法》第44条第1款关于"以欺骗手段或者其他不正当手段取得注册的"一般是运用欺诈方式向行政机关注册申请所获得的商标，注册违反社会秩序的情况。依据我国《商标审查及审理标准》中关于"欺骗方法"的说明，有争议的注册商标持有人在申请商标注册时曾捏造事实，并向商标管理机构提交了造假的申请报告，或其他证明材料，以欺骗获得注册商标的个人行为。包括但不限于以下情况：（1）伪造申请报告文件签名的个人行为；（2）伪造或修改申请人身份证明文件的个人行为，包括错误报告的身份证明文件、公司营业执照和其他身份证明文件的应用，或对诸如身份证件、营业执照等身份证明文件上的关键备案事项等进行更改等；（3）模仿其他认证材料的个人行为。

3. 从"公序良俗"原则看民族特色商标

商标的生命在于使用，自然人申请注册商标需提供个体工商户营业执照复印件的规定是为了防止不以使用为目的恶意注册，防止扰乱市场秩序的行为。个体工商户营业执照造假的行为虽然有违诚实信用原则，但后续存在真实有效的使用行为，则不会造成像恶意注册同等程度的扰乱公共秩序的后果。既然《商标法》第 44 条第 1 款的立法价值在于维护良好的商标注册、管理秩序，营造良好的商标市场环境，在《民法典》进一步确认和强化公序良俗原则的背景下，对于涉案行为是否构成《商标法》第 44 条第 1 款规定的，"违反本法第四条、第十条、第十一条、第十二条、第十九条第四款规定的，或者是以欺骗性手段或者其他不正当手段取得注册的"情形，有待在实践中进一步探究。

笔者在锡林郭勒盟调研中发现，西乌珠穆沁旗 2018 年已注册的 260 件商标中有 42 件为自然人申请注册的商标，在统计中注明正常使用，经过电话访问了解仍有一部分商标闲置不用，公司注册的商标基本都在正常使用。另外，存在一人注册多个商标的现象。如×××旅行社注册了"美丽西乌""都荣扎那""长调之乡"（图3-8）"游牧部落""搏克摇篮"（图3-7）"多彩西乌""白马之乡""多彩草原""乐在西乌""男儿三艺""乌珠穆沁射箭""北方华丽的草原"及搏克雕塑的图形商标等多个商标，且其中大部分没有实际使用。其中"西乌"为县级以上行政区划的地名；"都荣扎那"（图3-9）为传奇搏克手姓名；传统那达慕中的"男儿三艺"等都存在《商标法》第 44 条第 1 款规定的，违反本法第 4 条，第 10 条，第 11 条，第 12 条和第 19 条第 4 款的情况。据后续调研发现该旅行社共涉及商标 57 件，其中已注册 48 件、商标无效 7 件、撤销程序完成 1 件、商标续展中的 1 件。

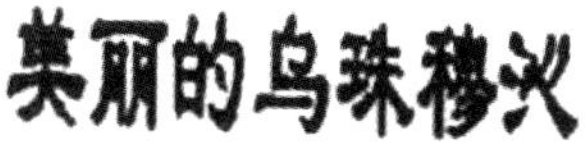

图3-6 美丽的乌珠穆沁

图3-7 搏克摇篮

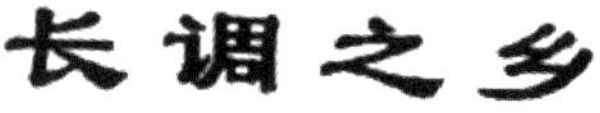

图3-8 长调之乡

图3-9 都荣扎那

笔者认为,从创造良好有序的商业环境的角度出发,考虑到商标的申请和累积的商誉,已经申请注册的商标不能随意无效或被取消,但是要采取严格的监督和管理方法。就《商标法》第44条第1款的要求而言,其法律适用价值取决于维持良好的商标申请注册秩序和科学管理方法,良好的商标市场环境的建设以及法律的合法性,需要体现出公序良俗的使用价值。商标注册申请的申请人未在所有正常的大型活动中申请注册商标而申请的,并且该注册商标已经通过标准的宣传计划和申请而积累了一定的信誉和声誉,并且注册商标的申请人不具有破坏工商行政的主观意图,注册商标的具体应用不具有破坏社会秩序或谋求不正当权益等任何可能,可以重新申请;并根据实际整合相关情况,全面判断是否违反《商标法》第44条第1款"以欺骗性手段或者其他不正当手段取得注册"的要求是要区分其是否违反公序良俗的基本标准。

(二)商标法对民族特色要素的界定

当前民族特色商标保护困境在于我国《商标法》第8条对商标构成要素的含糊界定,即普通自然人、法定代表人或其他组织的所有产品,只要能与他人产品进行区分,包括文字、图形、字母、数字、三维标志、颜色组合和声音等在内的差异符号以及以上要素的组合，都可以申请注册为商标。如果本规定的重点是提供商标的显著差异要求，那么所有符合显著差异标准的产品都可以申请注册商标；关键取决于对文字、图形和其他组成元素的理解。笔者认为《商标法》第8条的文字包括民族文字，图形也包括民族文字、传统名号、图腾、非物质文化遗产等要素单独或组合组成的图形。我国2013年对《商标法》进行修正，删除了商标规定中的可视性规定，同时加入声音商标，完善了商标的真实性，表明只有在承认了正当程序之后，才会将其纳入法律和法规的保护范围。因此，第8条示例的元素已经是通过正当程序充分考虑的所有元素。那么其中的"文字"要素，在没有其他规定的情况下，理解为包含所有的文字，自然也包含民族文字，从而作为商标的构成要素受商标法保护，但在商标法中此类形式的文字的特殊性未能体现，也无与此相关的其他规定。《商标法实施条例》第13条第7款规定："商标为外文或者包含外文的，应当说明含义。"没有关于说明民族文字含义的规定。另外我国知识产权局商标局提供的商标注册申请书中列举的商标申请声明选项中只包括集体商标、证明商标、以三维标志申请商标注册、以颜色组合申请商标注册、以声音标志申请商标注册、两个以上申请人共同申请注册同一商标选项，没有其他特殊类型商标的选项，因而民族文字部分在商标申请实务上也不具有可操作性。

笔者认为，我国《商标法》明文规定的商标要素中对民族文字、传统名号等特殊类型的规定是不确定的，这类要素在实务中以图形进行审核。在司法实践中也没有对此类商标的法律地位予以确认。在涉及蒙古文字商标的相关案例中也没有考虑到蒙古文字的含义，忽略了蒙古文字含义在民族地区民族特色商标中所产生的混淆。

```
申请人名称(中文):
    (英文):
申请人国籍/地区:
申请人地址(中文):
    (英文):
邮政编码:
联系人:
电话:
代理机构名称:
外国申请人的国内接收人:
国内接收人地址:
邮政编码:
商标申请声明:    □   集体商标       □   证明商标
                 □   以三维标志申请商标注册
                 □   以颜色组合申请商标注册
                 □   以声音标志申请商标注册
                 □   两个以上申请人共同申请注册同一商标
要求优先权声明:  □   基于第一次申请的优 □基于展会的优先权 □优先权证明文件后补
申请/展出国家/地区:
申请/展出日期:
申请号:
```

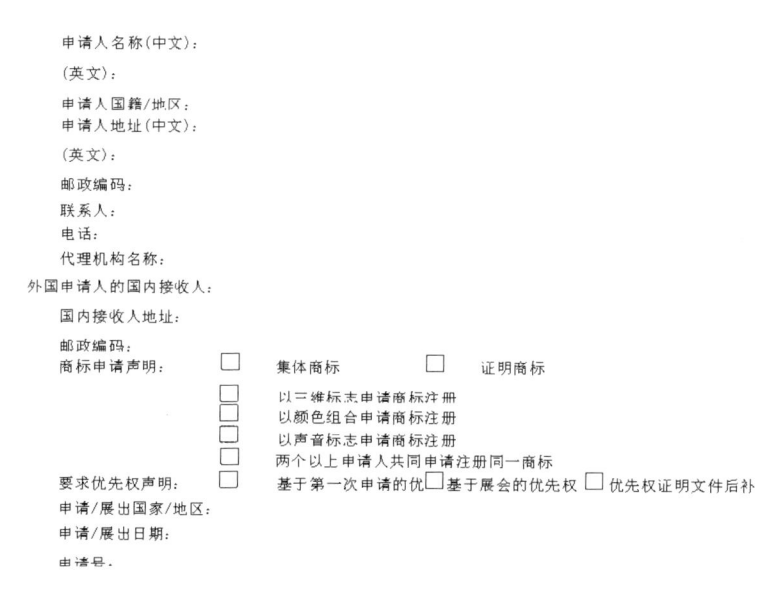

图 3-10　商标注册申请书

二、民族特色商标的地方立法保护

（一）内蒙古自治区的商标立法概况

改革开放以来，内蒙古自治区始终重视商标权等知识产权的保护工作，特别是从 20 世纪 90 年代以来，为了更好地实施《商标法》，根据《商标法》《立法法》等法律规定，陆续制定实施了《内蒙古自治区著名商标认定和保护办法》（已失效，下同）、《内蒙古自治区著名商标跟踪管理办法》等商标认定与保护的地方性法规，同时制定了《内蒙古自治区人民政府关于实施商标战略工作的意见》（内政字〔2005〕65 号）、《内蒙古自治区人民政府关于进一步实施商标品牌战略的意见》（内政发

[2017] 142号）政府规范性文件，不断加强内蒙古地区商标的保护力度，基本确立了商标保护的政策导向，不断完善商标保护的法律法规规范体系。内蒙古地区商标的地方立法保护基本经历了以下三个发展阶段：

第一，萌芽阶段：1982年—2004年。这一阶段的特点或者立法目的是保护消费者权益，而不是实施商标品牌战略。1982年《商标法》实施后，内蒙古自治区关于商标保护的立法主要集中在消费者权益保护领域。1990年10月1日施行的《内蒙古自治区保护消费者合法权益条例》第12条规定禁止制造、销售假冒、仿冒他人的注册商标的商品。第22条规定对制造、销售假冒商品的行为予以行政处罚。2022年7月1日施行的《内蒙古自治区实施〈中华人民共和国消费者权益保护法〉办法》第56条规定，对经营者存在销售假冒他人商标的商品的，消费者可以要求双倍赔偿。

第二，形成阶段：2004年—2017年。内蒙古自治区于2004年9月9日通过《内蒙古自治区著名商标认定和保护办法》，主要规定著名商标的申请程序、认定标准以及保护，开启了内蒙古自治区商标的地方专门立法保护的先河。随后，2005年3月16日，内蒙古自治区发布《内蒙古自治区人民政府关于实施商标战略工作的意见》（内政字［2005］65号），基本确立了内蒙古自治区商标品牌战略，明确了第一产业、第二产业、第三产业各自的商标品牌发展战略，加大对企业商标扶持和培育的力度，逐步打造内蒙古区域性商标品牌，带动内蒙古自治区经济社会发展。

第三，调整阶段：2017年至今。2017年，内蒙古自治区工商行政管理局下发《内蒙古自治区工商局关于暂停内蒙古著名商标认定的通知》(内工商商字〔2017〕112号),根据原国家工商行政管理总局要求,自治区原工商行政管理局研究决定,自本通知发布之日起暂停内蒙古著名商标续展认定和新认定等各项工作。2017年11月20日,内蒙古人民政府发布《内蒙古自治区人民政府关于进一步实施商标品牌战略的意见》,加强特色农畜产品商标品牌、制造业商标品牌的发展,加快培育以民族文化为主的服务业商标品牌,完善相关政府立法。2019年12月1日实施的《内蒙古自治区中小企业促进条例》第30条规定,旗县级以上人民政府应当指导和帮助中小企业申请注册商标、地理标志保护产品、老字号,提升保护和运用知识产权的能力。中小企业申请新注册商标、新获得地理证明商标和马德里体系国际注册商标的,按照规定给予资助。这一地方性法规的制定,标志着内蒙古自治区的商标立法发生了根本的变化,致力于商标品牌的培育与发展,并且呈现出与内蒙古自治区特色产业与民族文化等因素相结合的趋势。同年,内蒙古自治区人民政府办公厅印发的《内蒙古自治区知识产权事业发展"十三五"规划》进一步强调完善知识产权地方立法,逐步形成较为完善的知识产权地方政策法规保障体系。[1] 2020年,国家知识产权局发布的《内蒙古自治区2020年地方工作要点》中重申完善知识产权的地方立法。[2]

(二)内蒙古自治区民族特色商标的地方立法保护

内蒙古自治区自2005年制定《内蒙古自治区人民政府关于实施商标战略工作的意见》,开始实施商标品牌战略以来,商标

---

[1] 内蒙古自治区人民政府办公厅《关于印发〈内蒙古自治区知识产权事业发展"十三五"规划〉的通知》(内政办发〔2017〕50号)。
[2] 国务院知识产权战略实施工作部际联席会议办公室《关于印发〈2020年地方知识产权战略实施暨强国建设工作要点〉的通知》(国知战联办〔2020〕3号)。

品牌的培育与保护更加注重与内蒙古特色产业、民族文化相结合，并且推动相关的地方立法，完善了民族特色商标保护的法律法规体系。民族特色商标的地方立法保护主要体现在以下三个方面：

第一，蒙古语言文字商标的地方立法规范与保护。蒙古语言文字商标的保护与蒙古语言文字使用方面的地方性法规和规章相结合。内蒙古自治区先后发布施行了《内蒙古自治区学习使用蒙古语文奖励办法》（2001年）《呼和浩特市社会市面蒙汉两种文字并用管理办法》（2002年，已失效）《内蒙古自治区蒙古语言文字工作条例》（2005年，已失效）等地方性法规和地方政府规章，进一步规范了市面用语和商业用语。2020年的《内蒙古自治区2020年地方工作要点》明确提出："45.规范蒙古语言文字商标注册及商标蒙文翻译工作，加大蒙文《商标法》的宣传。"[1]这表明政府部门高度重视蒙古语言文字商标注册使用的规范问题，进而加强蒙古语言文字商标的保护。

第二，民族文化特色商标的地方立法保护。在内蒙古自治区居住着多个民族，内蒙古具有丰富的民族文化资源。近年来，内蒙古自治区高度重视民族文化的繁荣发展，铸牢中华民族共同体意识。因此，进一步加强民族文化特色商标的规范使用与依法保护。2017年，内蒙古自治区制定《内蒙古自治区人民政府关于进一步实施商标品牌战略的意见》，强调"充分挖掘和培育以民族文化为主题的商标品牌"。2017年，内蒙古自治区制定《内蒙古自治区非物质文化遗产保护条例》，进一步规范非物质文化遗产传承与保护。该条例第49条明确规定："基于非物质

---

[1] 国务院知识产权战略实施工作部际联席会议办公室《关于印发〈2020年地方知识产权战略实施暨强国建设工作要点〉的通知》（国知战联办[2020]3号）。

文化遗产所产生的著作权、商标权等知识产权，依法予以保护。"确立了非物质文化遗产有关商标的地方立法保护规则。2021年，内蒙古自治区制定《内蒙古自治区促进民族团结进步条例》，明确提出"促进各民族文化的传承保护"。该条例第54条规定，禁止在企业名称、品牌商标等方面出现诋毁民族风俗习惯、损害民族尊严等影响民族团结的内容。也就是商标使用中不得出现侵害民族文化的现象，为进一步规范和保护民族特色商标奠定了规范基础。

第三，地方产业特色商标的立法保护。2017年，内蒙古自治区制定《内蒙古自治区人民政府关于进一步实施商标品牌战略的意见》强调，创新发展优质特色农畜产品商标品牌，围绕牛羊马等畜牧业和莜麦、荞麦现代农业等优势特色产业，依托农牧业产业化龙头企业等市场主体，联合农牧民和新型农牧业经营主体，培育发展地方特色商标品牌。2019年，内蒙古自治区制定的《内蒙古自治区中小企业促进条例》第30条明确规定旗县级以上人民政府应当指导和帮助中小企业申请注册商标、地理标志保护产品、老字号，提升其保护和运用知识产权的能力。2020年的《内蒙古自治区2020年地方（知识产权）工作要点》中明确提出："指导各类行业协会等组织注册集体商标、证明商标和地理标志商标，申请地理标志产品保护，推动民族传统奶制品区域公共品牌建设工作。"[1]由此可以看出近年内蒙古自治区不断加强地方产业特色商标的立法保护力度。

---

[1] 国务院知识产权战略实施工作部际联席会议办公室《关于印发〈2020年地方知识产权战略实施暨强国建设工作要点〉的通知》（国知战联办［2020］3号）。

表 3-6　内蒙古自治区少数民族特色商标的地方立法
及其他规范性文件概览

制定年份	法规名称 (含规范性文件)	条款内容
2017	内蒙古自治区人民政府关于进一步实施商标品牌战略的意见	运用品牌产业的理念和市场手段经营文化资源，充分挖掘和培育以民族文化为主题的商标品牌。
2017	内蒙古自治区非物质文化遗产保护条例	第49条　基于非物质文化遗产所产生的著作权、商标权等知识产权，依法予以保护。
2019	内蒙古自治区中小企业促进条例	第30条　旗县级以上人民政府应当指导和帮助中小企业申请专利、注册商标、地理标志保护产品、老字号，推广知识产权辅导、预警、代理、托管等服务，提升保护和运用知识产权的能力。 中小企业申请发明专利并获得授权、新注册商标、新获得地理证明商标和马德里体系国际注册商标的，按照规定给予资助。
2020	内蒙古自治区2020地方工作要点	45. 规范蒙古语言文字商标注册及商标蒙文翻译工作，加大蒙文《商标法》的宣传。
2021	内蒙古自治区促进民族团结进步条例	第54条　禁止在图书、报刊、音像制品、影视、网络等载体以及地域名称、企业名称、品牌商标、广告信息等方面出现否定中华民族共同体、诋毁民族风俗习惯、损害民族尊严、伤害民族感情等影响民族团结的内容。

综上，内蒙古地区的商标保护，特别是民族特色商标的地方立法保护呈逐渐加强趋势。但是，到目前为止，民族特色商

标的规范与保护以地方政府规章和政府其他规范性文件为主，缺乏民族特色商标或者商标的专门地方立法，尚未制定专门性的地方性法规或者自治法规。

第三节　民族特色商标的行政保护

一、民族特色商标的行政审查

商标的审查权限归属于国家商标局，地方没有商标审查权限，地方工商行政管理部门作为商标的监督管理机构负责对本地区的商标进行监督管理。笔者认为，商标的监督和管理并不只存在于已经获得注册商标的使用和管理，而应贯穿商标设计、申请到注册使用的每一个环节。大部分地区的工商行政管理部门对商标的监督和管理集中在已经注册商标的管理而忽略了商标申请环节。从商标申请环节来看，商标申请可以由商标申请人通过商标代理机构申请，而商标代理机构的业务范围不受地域限制，从表面上来看，地方工商行政管理部门很难完全把控其区域内的商标申请事宜。但实践中，不容忽略的是，一部分商标申请人申请商标是通过当地工商行政管理部门或地方商标受理窗口办理，对于此类商标申请，当地工商行政管理部门完全可以做到对所申请商标予以初期检索或予以预先审查。另外，笔者在调研中发现由于民族地区商标观念形成比较晚，且对商标申请环节程序并不完全了解以及自身行为习惯等，大部分商标申请人会选择咨询当地工商行政管理部门，而并不是直接委托商标代理机构。

通过商标代理机构
申请：30.71%

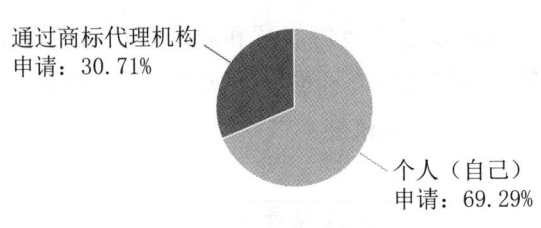

个人（自己）
申请：69.29%

图 3-11

对民族地区商标申请方式的调查显示（图 3-11），自己申请的比例为 69.29%，这说明有相当一部分比例的商标申请人是通过当地工商行政管理部门或者地方商标受理窗口进行申请注册。地方工商行政管理部门应对这些商标申请予以预先审查，对商标中涉及的民族特色要素部分进行初期检索，包括对民族文字、地理标志、地名、传统名号、非物质文化遗产等要素部分是否具有显著性、是否构成混淆予以预先审查，如在民族特色要素部分确实存在与在先权利冲突或商标混淆、商标侵权可能，应予以退回商标申请人并告知其原因，可以有效避免此类商标违法现象的出现。

案例 1：科尔沁右翼中旗图什业图王府服饰刺绣有限责任公司与国家知识产权局商标申请驳回复审行政纠纷

原告：科尔沁右翼中旗图什业图王府服饰刺绣有限责任公司

被告：国家知识产权局

基本案情：被告作出关于第 3xxxxxx5 号"图什业图王府及图"商标驳回复审决定，以原告申请注册的第 3xxxxxx5 号"图什业图王府及图"商标（简称"诉争商标"）构成《商标法》第 11 条第 1 款第 2 项、第 30 条所指情形为由，作出被诉决定，驳回诉争商标在复审商品上的注册申请。原告请求法院撤销被诉决定，责令被告重新作出决定，理由一是第2xxxxxx7号"图什业图"号商标（简称"引证商标"）所有人具有恶意抢注行为，原告已对其提起异议申请。二是诉争商标具有独创性和显著性，不违反《商标法》第11条第1款第2项规定。被告认为，被诉决定认定事实清楚，适用法律正确，作出程序合法，请求判决驳回原告诉讼请求。

法院审理查明：原告在庭审中明确表示对诉争商标指定使用的复审商品与引证商标核定使用的商品构成类似商品没有异议。另查，引证商标经商标异议不予注册，该决定已生效，故引证商标已经不构成诉争商标申请注册的在先权利障碍，原、被告对此均无异议。

法院认为：根据当事人的诉辩主张，案件的争议焦点为诉争商标是否违反《商标法》第11条第1款第2项、第30条的规定。

本案中，诉争商标由中文"图什业图王府"和图形构成。"图什业图王府刺绣"是内蒙古科尔沁一带的一种刺绣工艺。将诉争商标的中文显著识别部分"图什业图王府"作为商标组成部分使用在第26类刺绣品；衣服装饰品等商品上，直接表明了该类商品的质量、品质等特点，缺乏商标应有的显著性。同时，原告提交的证据不足以证明诉争商标经使用已经具有较高的知名度，从而具备应予注册的显著特征。因此，被告认定诉争商标的注册申请与引证商标违反了《商标法》第11条第1款第2项之规定并无不当，本院予以支持。

本案中，根据《商标法》第30条规定，至本案审理时，引证商标异议申请决定已经生效，故诉争商标与引证商标已不再构成使用在相同或类似商品上的近似商标。因此，被告认定诉争商标的申请注册违反了《商标法》第 30 条的结论有误，本院予以纠正。虽然被诉决定认定诉争商标的申请注册违反了《商标法》第 30 条有误，但并不影响被诉决定的结论。原告科尔沁右翼中旗图什业图王府服饰刺绣有限责任公司的诉讼理由缺乏事实和法律依据，其诉讼请求本院不予支持。

判决结果：依照《行政诉讼法》第 69 条的规定，驳回原告科尔沁右翼中旗图什业图王府服饰刺绣有限责任公司的诉讼请求。

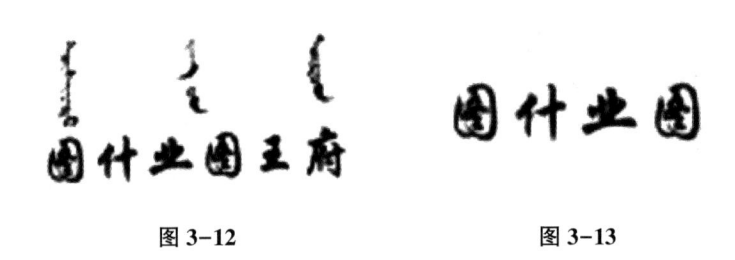

图 3-12

图 3-13

案例评析：本案中涉及的商标是"图什业图"（图 3-13）和"图什业图王府"（图 3-12）。商标中涉及的"图什业图"是兴安盟科尔沁右翼中旗的旗名，简称科右中旗，蒙古语为"ᠲᠦᠰᠢᠶᠡᠲᠦ"。笔者认为本案中有两点问题应引起注意，一是本案中涉及的两个商标均使用了"图什业图"这一地名，根据《商标法》第 10 条第 2 款的规定，县级以上行政区划的地名不得作为商标。这在以上被诉决定以及本案审理过程中未提及。二是本案中称"图什业图王府"商标由中文"图什业图王府"和图形构成，而此处所说的"图形"是蒙古文字"ᠲᠦᠰᠢᠶᠡᠲᠦ ᠸᠠᠩ"，虽然在本案中并未因该蒙古文字引起纠纷，但这是一个在此类民族特色商标中应引起注意的问题，由此类问题引发的混淆较普遍，也是民族特色商标的法律保护层面上应解决的一个核心问题，假设在该商标注册申请审查时，能够识别"图什业图"为地名，那么也不会获得注册，可能这一纠纷就不会出现了。

案例2：内蒙古呼日太文化科技有限公司与国家工商行政管理总局商标评审委员会商标申请驳回复审行政纠纷

原告：内蒙古呼日太文化科技有限公司

被告：国家工商行政管理总局商标评审委员会

基本案情：被告以原告申请注册的第2xxxxxx9号"蒙古浩特"商标（简称"诉争商标"）已构成《商标法》第10条第1款第2项、第30条所指的情形为由，作出被诉决定。该决定认定：诉争商标与第1xxxxxx4号"蒙郡浩特牧业"商标（简称"引证商标"）构成使用在同一种或类似服务上的近似商标。商标评审依据个案原则，其他商标获准注册的事实不是诉争商标获准注册的当然理由。诉争商标中含有"蒙古"国名，已构成《商标法》第10条第1款第2项所指情形，禁止作为商标注册。依据《商标法》第10条第1款第2项、第30条和第34条的规定，被告决定：诉争商标在复审服务上的注册申请予以驳回。引证商标注册人为乌兰察布市宏强养殖有限责任公司，核定使用服务为第35类广告、广告代理等。

原告诉称：（1）诉争商标是蒙古语的汉文音标，是一个整词，不构成同外国的国家名称相同或者近似的情形，其申请注册并不违反《商标法》第10条第1款第2项的规定。（2）诉争商标与引证商标读音、外形、意义差别很大，不构成近似商标标志。（3）大量含有"蒙古"一词的类似商标被核准注册，诉争商标也应予核准注册。因此，请求法院依法撤销被诉决定，并判令被告重新作出决定。

被告辩称：被诉决定认定事实清楚，适用法律正确，请求判决驳回原告的诉讼请求，由原告承担本案诉讼费用。

查明事实：国家工商行政管理总局商标局作出《商标驳回通知书》，根据《商标法》第10条第1款第2项和第30条的规定，决定驳回诉争商标的注册申请。在法定期限内，原告向被告提出复审申请。在庭审过程中，原告明确表示对诉争商标指定使用服务与引证商标核定使用服务属于同一种或类似服务不持异议。

法院认为：本案争议焦点是诉争商标的申请注册是否符合《商标法》第10条第1款第2项、第30条的规定。

一、关于诉争商标是否构成《商标法》第10条第1款2项所规定之情形。《商标法》第10条第1款第2项规定，同外国的国家名称、国旗、国徽、军旗等相同或者近似的标志不得作为商标使用，但经该国政府同意的除外。本案中，诉争商标为"蒙古浩特"，"浩特"在蒙语中含义为"城市"，相关公众对诉争商标整体含义的识别仍为"蒙古"，诉争商标整体亦未形成可区别于国名之含义，构成《商标法》第10条第1款第2项的规定情形。此外，《商标法》第10条第1款第2项属于商标禁止使用的绝对条款，诉争商标使用证据并不影响本案结论。

二、关于诉争商标与引证商标是否构成《商标法》第30条所规定之情形。《商标法》第30条规定："申请注册的商标，凡不符合本法有关规定或者同他人在同一种商品或者类似商品上已经注册的或者初步审定的商标相同或者近似的，由商标局驳回申请，不予公告。"本案中，原告明确表示对诉争商标指定使用服务与引证商标核定使用服务属于同一种或类似服务不持异议，本院经审理予以确认。诉争商标为"蒙古浩特"，与引证商标显著识别文字"蒙郡浩特"文字构成、呼叫均相近，已构成近似商标标志。诉争商标与引证商标共同使用在同一种或类似服务上，易导致相关公众对服务来源的混淆误认，已构成使用在同一种或类似服务上的近似商标。商标授权确权案件遵循个案审查的原则，其他商标获准注册的事实并不是审查诉争商标是否具有可注册性的当然依据，故原告有关其他商标获准注册，诉争商标也应当获准注册的诉讼理由不能成立，本院不予支持。

判决结果：被告作出的被诉决定认定事实清楚，适用法律正确，审查程序合法，本院予以支持。原告的诉讼主张缺乏相应的事实和法律依据，本院不予支持。依照《行政诉讼法》第69条之规定，驳回原告内蒙古呼日太文化科技有限公司的诉讼请求。案件受理费100元，由原告内蒙古呼日太文化科技有限公司负担（已交纳）。如不服本判决，各方当事人可在本判决书送达之日起15日内，向本院递交上诉状，并按对方当事人人数提交副本，交纳上诉案件受理费100元，上诉于北京市高级人民法院。

蒙古浩特

图 3-14

蒙郡浩特牧业

图 3-15

案例评析：本案中，法院认为诉争商标"蒙古浩特"，与引证商标显著识别文字"蒙郡浩特"文字构成、呼叫均相近，已构成近似商标标志。诉争商标与引证商标共同使用在同一种或类似服务上，易导致相关公众对服务来源的混淆误认，已构成使用在同一种或类似服务上的近似商标。笔者认为从文字要素角度分析,"蒙古浩特"与"蒙郡浩特"文字构成、呼叫均相近;从民族特色商标要素的角度分析,"蒙古浩特"翻译为"ᠮᠣᠩᠭᠣᠯ ᠬᠣᠲᠠ",是一个整体的词。本案中被告认为"蒙古浩特"是蒙古语的汉文音标,笔者认为其中"浩特"为蒙古语的汉文音标,而"蒙古"并不完全是音标,在汉语里"蒙古"就是蒙古族、蒙古国之蒙古,而如果蒙古语里的"蒙古"以汉文音译,则应是"蒙格勒""蒙郭勒"等形式表现。综上,在类似商标纠纷中涉及民族特色要素时,结合民族要素的考量,对于厘清商标侵权的性质及民族商标的法律保护具有积极意义。

二、民族特色商标的行政监督

商标保护离不开对商标的监督,监督和管理对商标保护起着非常重要的作用。1266 年英国的一项立法中强调"烘焙师必须在自己制作的面包上打上自己的商标,让消费者知道面包的生产者"[1];"在欧洲要求在商品上使用强制标记,实行品质标记制度,确保商品的质量"[2]这种制度实际类似于今天的监管认证标志,是对产品质量的一种监管。商标与产品是共存的,商标代表着产品的质量与信誉,对商标的监管不能完全脱离产品。现代社会的商标不仅仅代表一种文化符号,不能忽略其代表的产品本身的质量与信誉。所以对商标的监督和管理也不能只停留在统计数字层面,而应结合商标持有者及其所代表的产品进行全方位的监督。

---

[1] 张慧春:《商标显著性研究》,知识产权出版社 2017 年版,第 36 页。
[2] 余俊:《商标法律进化论》,华中科技大学出版社 2011 年版,第 49 页。

表 3-7 通辽已注册地理标志商标名

56	通辽市	青龙山粉条	奈曼旗地方特产管理协会		证明商标	30	17188254	2017/4/21
57	通辽市	奈曼沙地西瓜	奈曼旗地方特产管理协会		证明商标	31	19789799	########
58	通辽市	奈曼沙果	奈曼旗经济林协会		证明商标	31	20702035	2018/2/14
59	通辽市	通辽黄玉米	通辽粮食行业商会		证明商标	31	22588761	2018/2/14

从收集数据材料分析，大部分地区没有对本地区已经注册的商标进行追踪监督，未能体现管理。他们对商标的监督和管理主要是体现在数字的统计，而没有对本地区的商标进行归类管理，未制作商标图样名录（表3-2），只统计了地理标志商标的图样名录（表3-7）。换句话说，对于当地的工商行政管理部门来说，统计数字来源于国家商标局注册商标数据，不是对本地区企业、个体工商户、合作社等商业主体监督过程中的统计所得，而是对这些商业主体所申请注册的商标统计所得。从而无法明确这些庞大数据背后的商标中是否存在不具备合法性要件的商标。分析其原因主要有以下几个方面：

首先，商标的申请注册不受地域限制，即商标申请人可以直接通过商标代理机构，而不经过当地工商行政管理部门的"约束"申请注册商标。从而当地的工商行政管理部门在商标申请注册环节，确实难以做到完全掌握和把控，即"事前"阶段，工商行政管理部门对于未经工商行政管理部门的商标申请无从得知。

其次，在我国自然人、法人或者其他组织都可以申请注册商标，《商标法》第4条规定，"自然人、法人或者其他组织在生产经营活动中，对其商品或者服务需要取得商标专用权的，应当向商标局申请商标注册……"根据我国《商标法》的规定，自然人申请注册商标的前提是具备营业执照证书，没有营业执照证书则不具备商标申请资格。所以，地方工商行政管理部门虽然在"事前"无法对所有商标申请注册予以把控，但在"事后"完全可以对本区域内的商标注册情况予以了解，也就是说，工商行政管理部门可以通过对本区域内企业、个体工商户或其他经营组织的监督管理，了解这些主体申请注册商标情况，对已经注册的商标进行统计、归类和分析。对自行改变注册商标、注册人名义、地域或者其他注册事项的，责令其限期改正，对不改正的，由商标局撤销其注册商标；[1]仅使用商标的通用名称的可以向商标局申请撤销该商标；没有正当理由连续三年不使用的，可以向商标局申请撤销该商标[2]。

对于涉及民族特色商标乱象的监督管理方面，由于其隐蔽性还没有形成规模，主管机关对于民族特色商标领域的监督管理属于常规的监管模式，没有从民族特色商标领域内的特殊性层面展开针对性的监管模式。

有：4.85%

没有：95.15%

图3-16 商标未使用被撤销情况

---

[1]《商标法》第49条第1款关于商标使用管理的规定。
[2]《商标法》第49条第2款关于商标使用管理的规定。

笔者在呼和浩特蒙古商城购物中心调研中发现，商城110个商户中39%的商户申请注册了商标。呼和浩特蒙古商城购物中心是内蒙古汗嘎日迪商业管理有限公司旗下的旗舰商城，以北方民族传统产品销售为主，主要经营草原民族传统服饰、民族元素新潮服装、民族工艺品和生活用品、珠宝首饰、奇石字画、草原绿色天然乳、肉、林、农产品、进口产品、草原民族传统美食等产品。商城集休闲娱乐体验购物为一体，是从事民族传统产业产品及新兴品牌商家的创业创新基地。在调研过程中，笔者与蒙古商城创始人，呼和浩特蒙古商城购物中心总经理巴图毕力格进行了访谈，了解了呼和浩特蒙古商城购物中心具体商户情况及商户商标注册情况。

笔者：您好！因为个人对民族特色商标的研究课题，我想了解一下商城商户入驻情况以及商标注册商标情况。

巴总：好的。

笔者：蒙古商城是哪一年成立的？您出于什么原因建立了蒙古商城？

巴总：蒙古商城是2016年9月10日公司揭幕运营的，到今年已经是第五个年头了。当时主要是考虑给从事民族传统产品销售、民族特色产品品牌培育、民俗民风体验传统文化传播的人士提供一个平台，希望建立一个集销售、文化推广及传媒展览策划为一体的传播平台。

笔者：那现在入驻商城的商户有多少？

巴总：目前商户是83个，冷库是27个，共110个商户。

笔者：这些商户中注册商标的有多少？

巴总：据我们统计有43个商户已经注册了商标。

笔者：商城对商户有注册商标的要求吗？

巴总：关于这个方面，我们一直是很关注的。我们从商城的角度要求商户申请商标，这两年才开始在增加，但还是不理想。

笔者：要求商户注册商标是因为主管部门要求的吗？

巴总：不是。主要是商城刚开始成立的时候，招商等各方面都很不容易，对商户的要求也不高，也没有商标方面的要求。现在，商城运营已经逐步进入正轨，也在努力尽可能地做好产品、自己的产品，所以要求商户要有自己的品牌、自己的商标。

笔者：工商行政管理部门有过关于商标的要求吗？

巴总：这个没有，商标方面还真没有过相关的要求和监督检查，工商部门这块儿，我们商城主要是食品安全等涉及得比较多。

第四节　民族特色商标的司法保护

一、民族特色商标侵权分析

首先，民族特色商标侵权行为中商标假冒、仿冒行为较为普遍。在民族地区由于经营特色商品的市场主体居多，且为体现商品的民族特色，皆以简单、易记为特点，运用当地民族特有的代表民族特色的符号作为商标使用，所以由于地域和民族性，商标的侵权行为较为直接，即商标的假冒行为较为多见，又因为民族特色商标违法行为的"隐蔽性"特点，并没有实际得到遏制。我国《商标法》第57条第1项规定了此类商标的假冒行为"未经商标注册人的许可，在同一种商品上使用与其注册商标相同的商标的"行为，《商标法》第 57 条第 2 项规定了商标仿冒行为，即"未经商标注册人的许可，在同一种商品上使用与其注册商标近似的商标，或者在类似商品上使用与其注册商标相同或者近似的商标，容易导致混淆的"。这类行为造成商标混淆，扰乱了市场秩序，破坏营商环境。如下图中的两个"勒勒车"商标（图 3-17）均为食品；两个"那达慕"商标（图 3-18）均为方便食品，两个商标字体相同，差异仅在于文字的大小；两个"成吉思汗"商标（图 3-19）均为文化产业，都从事教育、娱乐行业。

图 3-17

图 3-18

图 3-19

其次，民族特色商标不具备显著性。民族地区民族特色商标的申请主体为少数民族申请人，则以民族文字申请注册商标的概率较高。据调研数据，商标标志设计元素中选择"通用文字"的占比为38.83%，选择"民族文字"的占比为51.46%，选择"民族图腾、符号"的占比为34.95%，选择"传统人物"的占比为4.85%，选择"传统名号"的占比为4.85%，选择"数字"的占比为7.77%，选择"地理标志"的占比为5.83%，选择"地名"字的占比为9.71%，选择"非物质文化遗产"的占比为15.53%，其中"民族文字"的占比达51.46%。而在这些民族文字构成的商标中存在较突出的问题便是缺乏显著性。

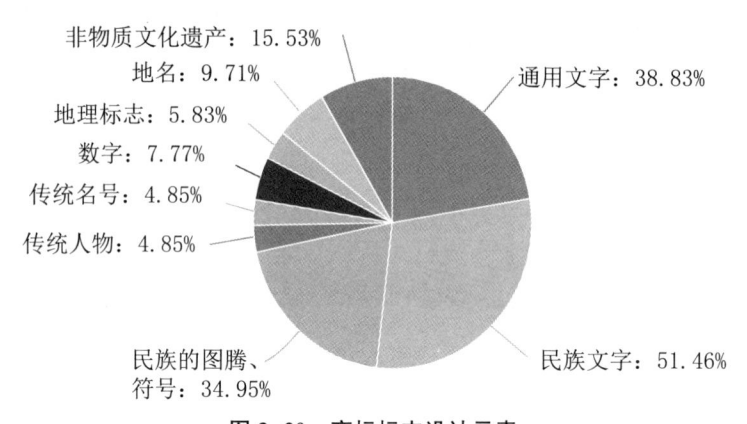

图3-20 商标标志设计元素

《商标法》第11条规定了商标缺乏显著性的情形。即在商标中只描述了商品的通用名称而不具有显著性，例如，图2-7的商标图例为民族文字构成的商标，且只描述了商标的通用名称，缺乏显著性。

二、民族特色商标的司法实践

在我国商标权的主要保护途径是司法保护和行政保护。我国《商标法》第60条第1款规定，涉及纠纷时当事人可以选择自行协商解决，协商不成的可以向人民法院起诉也可以选择请求工商行政管理部门处理。在民族地区的民族特色商标中，通过司法机关解决商标纠纷的实例数量不多，这与商标权保护意识的淡薄及商标乱象的隐蔽性有直接的联系。根据调研的数据，商标未使用方面，95.15%的未使用商标没有涉及撤销的问题，涉及商标纠纷选项，92.23%的占比表示未涉及纠纷。

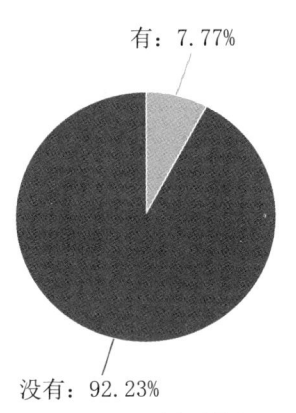

有：7.77%

没有：92.23%

图 3-21 商标纠纷

对商标权侵权行为的处罚方式主要规定在商标法的注册商标专用权的保护部分，主要处罚方式体现在商标构成侵权行为所应承担的民事责任、行政责任和刑事责任当中。根据《商标法》第60条第2款的规定，民事责任主要是停止侵害、消除影响、赔偿损失；行政责任主要包括责令立即停止侵权行为，没收、销毁侵权商品以及用于制造侵权商品、伪造注册商标标识的工具，处以罚款；根据我国《商标法》和《刑法》的规定，商标侵权行为构成犯罪的，追究刑事责任，主要涉及三项罪名，即假冒注册商标罪，销售假冒注册商标的商品罪，非法制造、销售非法制造的注册商标标识罪。[1] 在民族地区涉及民族特色商标的司法实践中，在本书界定的民族特色商标范畴内，目前没有查阅到形成较大影响的、构成犯罪的商标侵权案件。

案例3：内蒙古铁木真酒业有限责任公司与赤峰套马杆酒业有限公司等三人商标侵权纠纷

原告：内蒙古铁木真酒业有限责任公司

被告：赤峰套马杆酒业有限公司

被告商某，男，1961年3月20日出生，汉族，个体工商户

被告陈某，女，1983年3月30日出生，回族，个体工商户

基本案情：原告诉称，2013年7月1日，原告在宁城县境内发现第一被告生产的酒精度为60%Vol的套马杆酒在装潢显著位置上使用了原告的"铁木真"注册商标图像部分，侵犯了原告的注册商标专用权，遂向宁城县工商局举报请求查处。7月3日，宁城县工商局在第三被告经营的"宁城县独伊佳食品店"查获第一被告生产的"蒙古风情套马杆酒"12瓶。经宁城县工商局查明：该酒是第三被告从第二被告处购买，由第一被告生产和销售。宁城县工商局已经确认该酒侵犯了原告的"铁木真"注册商标专用权，并依法对第三被告进行了处罚。"铁木真"注册商标由原内蒙古宁城老窖酒厂于1994年申请注册，商标由

---

[1] 《刑法》（2023年）第213条、第214条、第215条的规定。

"铁木真（图像）+铁木真"组成，核定使用商品为第33类（酒），商标注册证号为第7xxxx2号。商标注册后一直由注册人独家使用，2011年原告法定代表人王某转让取得该注册商标，2012年3月20日，王某将该商标转让给原告，原告取得注册商标所有权及商标专用权。第一被告将原告的酒类注册商标"铁木真"主要部分"铁木真图像"在其自己生产的白酒装潢使用，误导公众。第一被告的行为侵犯了原告的商标专用权，给原告造成了巨大损失。在此次维权过程中，原告获悉，第一被告早在2006年就发生过侵犯"铁木真"商标专用权的违法行为，并被赤峰市原工商行政管理局处罚。处罚决定书号为"赤工商商处字〔2006〕第169号"。第一被告在被处罚后继续侵权，属侵权情节严重且持续时间长，给原告造成的损失巨大。第二、第三被告销售侵权产品亦应承担侵权责任。特具状起诉，请求贵院判决第一被告停止生产和销售侵权产品，赔偿原告损失600 000元，第二被告停止销售侵权产品，赔偿原告损失100 000元，第三被告赔偿原告损失20 000元。三被告赔偿此次维权原告支付的律师费34 800元。

被告套马杆酒业及商某辩称：

一、被告生产销售的套马杆系列酒，没有侵害原告的注册商标专用权。被告生产销售的套马杆系列酒，是内蒙古自治区的老字号酒，拥有全国著名的"套马杆"商标标识。特别是被告生产的注有"蒙古风情"字样的酒精度为60度的白酒及外包装，均系被告自行创作设计并享有完全自主知识产权的知名专利产品。该白酒外包装装潢上所使用的蒙古族牧民头像，是截取于巴林右旗美术老师黄某某创作的《套马归来》水彩画上的人物部分图像，这也与原告注册商标上的简笔白描图像无任何关联和相近似之处，更不存在侵害原告注册商标专用权的事实。

二、原告以被告生产的套马杆酒，在装潢显著位置上使用了原告的"铁木真"注册商标图像部分，侵犯了原告的注册商标专用权，要求被告赔偿原告损失及原告支付的律师代理费的诉讼请求，缺乏事实和证据的支撑不能成立。

（1）因为原告在 2012 年 3 月 20 日，通过转让方式取得使用权的第 7xxxx2 号注册商标，在商标上注册的字样是"铁木+真"，而不是"铁木真"；第 7xxxx2 号注册商标上注册的字样之所以是"铁木+真"，而不是"铁木真"的原因是成吉思汗作为世界上具有极大影响力的杰出人物，不论是成吉思汗的头像，还是成吉思汗的名字"铁木真"都是不能作为商标注册的，因为历史公众人物的肖像和名字不能单独作为商标注册使用。所以说，原告在本案中将其注册为"铁木+真"字样的商标，谎称为"铁木真"字样，并以此偷换的"铁木真"字样，作为其主张被告侵害"铁木+真"字样商标专用权的依据，这种明显偷换概念的错误行为，显然不能作为认定被告侵害原告商标专用权的事实依据。

（2）在第 7xxxx2 号商标注册证上，体现出的商标标识系采取白描手法勾勒出的黑白图像和黑体字符"铁木+真"的图文集合，这与被告在汲取蒙古族人物生产生活的鲜明特点，为突出民族企业特性，展现民族风情，而自行创作设计的荣获国家专利的"蒙古风情"白酒外包装上使用的突出当地蒙古族马背民族粗犷、雄浑的生活特点，具有现实生活烙印的真实蒙古族牧民头像相比，不论是从图像的造型、还是从设计的手法以及所使用的色彩上，都有着截然不同的风格和本质性差异。

(3) 被告是早在 1958 年就已经成立的内蒙古知名的老牌民族企业，拥有全国著名的"套马杆"系列商标标识。自建厂以来一直生产效益良好，被告生产的套马杆系列白酒，不光是在内蒙古地区，而且在东北、华北以致全国都具有较高的市场知名度。特别是在 2012 年更是荣获了内蒙古自治区首批老字号企业的殊荣。所以说，被告作为一个拥有着全国知名的"套马杆"商标标识的，内蒙古自治区知名老字号企业，在客观上根本就没有去仿冒或使用原告知名度本就不如自己品牌的，在 2012 年才通过受让取得的非主流产品的商标部分图像，来作为自己知名品牌白酒外包装装潢的必要。

法院审理查明事实：内蒙古宁城老窖酒厂于 1994 年取得"铁木真"文字及图像的注册商标，商标注册证号为第 7xxxx2 号，该商标核定使用商品为第 33 类（酒）。注册有效期限自 1994 年 9 月 21 日至 2004 年 9 月 20 日。2004 年 9 月 13 日经国家工商行政管理总局商标局对该商标核准续展注册，续展注册有效期自 2004 年 9 月 21 日至 2014 年 9 月 20 日。2002 年 8 月 25 日内蒙古宁城老窖酒厂与王某签订"铁木真"注册商标转让协议，约定将"铁木真"注册商标及与该商标相同或类似的商标以 100 000 元价格一并转让给王某，协议第 5 条约定"甲方在商标转让后，不得再在其商品上使用铁木真及类似商标，否则，乙方有权按侵权追究甲方责任"。2011 年 9 月 26 日经商标局核准，7xxxx2 号商标注册人的名义变更为王某。2007 年 11 月 6 日商标局向王某下发商标使用许可合同备案通知书，对王某于 2007 年 8 月 21 日报送的许可铁木真酒业使用的 7xxxx2 号注册商标的使用许可合同予以备案，许可期限自 2007 年 6 月 1 日至 2014 年 5 月 31 日。2012 年 3 月 1 日王某与铁木真酒业签订商标转让合同，王某将7xxxx2号商标以100 000元价格转让给铁木真酒业。2012年3月20日商标局核准7xxxx2号商标转让给铁木真酒业。

本院另查明，从2006年开始，套马杆酒业在其生产的酒精度为60%Vol的套马杆系列白酒外包装装潢上突出使用与7xxxx2号注册商标图像部分相近似的图像。2006年10月10日赤峰市工商行政管理局作出赤工商商处字〔2006〕第169号处罚决定，套马杆酒业因生产、销售含有"铁木真"图像的套马杆系列白酒，侵犯了他人"铁木真+铁木真（图像）"酒类注册商标专用权，被处以没收、销毁含有"铁木真图像"套马杆系列白酒1050件；罚款24 000元的行政处罚。2013年6月被告陈某从被告商某经营的赤峰市红山区套马杆酒商店购进套马杆酒业生产的"蒙古风情"套马杆酒进行销售。2013年8月9日，陈某因销售套马杆酒业生产的"蒙古风情"套马杆酒，侵犯了原告的"铁木真"注册商标专用权，被宁城县工商行政管理局作出没收被扣留的"蒙古风情"套马杆酒12瓶；罚款1500元的行政处罚。本院在开庭审理过程中，组织双方当事人对原告出示的套马杆系列酒中分别在2011年、2012年生产的"蒙古风情"酒实物两瓶，2006年生产的"蓝色蒙古高原"套马杆酒实物一瓶，"草原美酒"（精品）套马杆白酒的包装盒一只进行辨认，套马杆酒业认可该酒及包装物系该公司生产。

法院认为，本案争议的焦点问题是被告是否存在侵犯原告注册商标专用权的行为；如构成侵权，赔偿责任主体、赔偿数额及侵权时间应如何认定。对于被告行为是否构成侵权的问题，被告套马杆酒业使用在其生产的酒精度为60%Vol的"蒙古风情"等套马杆系列白酒包装装潢上的图像与原告注册商标上的图像经比对，该包装装潢上的图像与原告铁木真酒业的 7xxxx2 号注册商标的图像在图像的构图结构、人物外貌等特征上相近似，以相关公众一般注意力为标准，易使相关公众对原告商品的来源与注册商标为同一商品或存在特定的来源产生误认，容易与注册商标专用权人的商品造成混淆。根据《商标法》（2001年）第 52 条的规定，"有下列行为之一的，均属侵犯注册商标专用权：……（五）给他人的注册商标专用权造成其他损害的"；《商标法实施条例》（2002 年）第 50 条第 1 项规定，"有下列行为之一的，属于商标法第五十二条第（五）项所称侵犯注册商标专用权的行为：（一）在同一种或类似商品上，将与他人注册商标相同或者近似的标志作为商品名称或商品装潢使用，误导公众的；……"故套马杆酒业在其生产的白酒外包装上突出使用与原告注册商标相近似的人物图像作为商品装潢的行为已经侵犯了原告的注册商标专用权。被告套马杆酒业所辩解的对于使用在其白酒包装上的人物图像，有原始著作权人，该图像系画家黄某某创某某的水彩画《套马归来》截取而来，使用这一蒙古族牧民的头像是为表现蒙古族马背民族的生活特点，该人物和原告注册商标的"铁木真"图像没有任何关联性。因套马杆酒业没有提供水彩画《套马归来》的原件，不能用原件与现商品装潢上的人物图像相比对，另外经本院对原告注册商标上的人物图像与套马杆酒业商品包装装潢上的图像进行整体比对和主要部分的比对，两者已构成近似，故套马杆酒业上述抗辩理由不能成立。被告商某、陈某销售侵犯商标专用权的商品，该行为已经侵犯了原告的商标专用权。对于赔偿责任主体的问题，套马杆酒业生产、销售侵犯注册商标的商品应当承担相应侵权损害赔偿责任。商某、陈某虽然销售侵犯商标专用权的商品，但是原告没有提供二人明知是侵权商品而销售的证据。二人能证明该商品是自己合法取得并说明了提供者，不承担赔偿责任。对于侵权时间和赔偿数额的认定问题，最高人民法院《关于审理商标民事纠纷案件适用法律若干问题的解释》（2002年，下同）第18条规定："侵犯注册商标专用权的诉讼时效为二年，自商标注册人或者利害关系人知道或应当知道侵权行为之日起计算。商标注册人或者利害关系人超过二年起诉的，如果侵权行为在起诉时仍在持续，在该注册商标专用权有效期内，人民法院应当判决被告停止侵权行为，侵权损害赔偿数额应当自权利人向人民法院起诉之日起向前推算二年计算。"套马杆酒业2006年开始实施侵权行为，一直持续到原告起诉前期。原告2007年6月1日经许可取得该商标使用权，同时取得制止他人侵犯该商标的权利。本案中原告对被告提起诉讼的时间为2013年8月30日，故赔偿数额应以2013年8月30日为限，向前推算两年计算。本案中根据双方当事人陈述和双方所提供的证据，原告因为侵权所获得的利益和被侵权人因侵权所受损失均难以确定，故根据被告侵权性质、期间、后果及原告商标专用权种类、制止侵权行为会产生的合理开支等综合因素，本院对套马杆酒业因侵权应赔偿给原告的损失确定为80 000元。

判决结果：根据《商标法》（2001年）第52条、第56条；《商标法实施条例》（2002年）第50条；最高人民法院《关于审理商标民事纠纷案件适用法律若干问题的解释》第18条的规定，判决如下：（1）被告赤峰套马杆酒业有限公司停止生产、销售侵权商品，自本判决生效之日起10日内支付原告内蒙古铁木真酒业有限责任公司赔偿款80 000元；被告商某、陈某停止销售侵权商品，不承担赔偿责任。（2）驳回原告的其他诉讼请求。如果未按本判决指定的期间履行给付金钱义务，应当按照《民事诉讼法》第253条之规定，加倍支付迟延履行期间的债务利息。案件受理费11 350元，原告律师代理费34 800元由被告赤峰套马杆酒业有限公司负担，邮寄费140元由原告、三被告均担。

图 3-22　　　　图 3-23　　　　图 3-24　　　　图 3-25

案例评析：本案的争议焦点为被告套马杆酒业使用在其生产的酒精度为60%Vol的"蒙古风情"等套马杆系列白酒包装装潢上的图像与原告铁木真酒业注册商标上的图像（图3-24）是否构成近似，法院认为，套马杆系列白酒包装装潢上的图像与铁木真酒业的7xxxx2号注册商标的图像在图像的构图结构、人物外貌等特征上相近似，以相关公众一般注意力为标准，易使相关公众对原告商品的来源与注册商标为同一商品或存在特定的来源产生误认，容易与注册商标专用权人的商品造成混淆。笔者认为在本案中，还有一个应当引起注意的问题是民族传统名号的保护问题，以"铁木真"在商标搜索窗口搜索，共搜索到117件相关商标，已经注册的有32件，本案中涉及的7xxxx2号注册商标也在其中，除此之外也有很多近似的"铁木真"商标琳琅满目，消费者很难识别商品和服务来源。铁木真为历史人物，作为传统文化资源的组成部分之一具有重要的商业价值。

在此类传统名号上建立一种排他性的权利,或在商业活动中对传统名号的假冒及其他不合理使用,会导致民族对其传统文化资源的商业利益大量流失。[1]

---

[1] 严永和:《论我国少数民族传统名号的知识产权保护》,载《民族研究》2014年第5期。

第四章
民族特色商标保护困境与成因

第一节 民族特色商标法律保护的实践困境

一、商标立法中缺乏民族文字要素的考量

在前面《商标法》第 8 条的阐释中笔者曾提到,"文字"要素,在没有其他规定的情况下理解为包含所有的文字,自然也包含民族文字作为商标的构成要素受商标法保护。《商标法实施条例》第 13 条第 7 款仅规定,商标为外文或者包含外文的,应当说明含义,并未对民族文字使用情况作出规定,因《商标法》未明确民族文字要素,实践中审查机关对民族文字的商标申请以图形形式予以审查,导致在民族地区因民族文字的含义使消费者误认而产生混淆,甚至导致侵权。正因这种民族文字要素的不确定性,在司法实践中也并没有引起更多的关注,这在"蒙嘎立"与"蒙科立"的侵害商标专用权纠纷一案中表现得较为明确。

案例 4: 胡某诉内蒙古蒙科立软件有限责任公司商标侵权纠纷案

上诉人(原审原告)胡某,男,蒙古族,1969 年 9 月 22 日出生,律师,住内蒙古自治区通辽市科尔沁区。

被上诉人(原审被告) 内蒙古蒙科立软件有限责任公司

（以下简称"蒙科立公司"），住所地内蒙古自治区呼和浩特市金桥开发区。

基本案情：原告胡某于 2012 年 10 月 14 日取得第 9xxxxx0 号"▨"组合商标的注册商标专用权。"▨"该品牌被批准用于 42 个服务项目类别：计算机租赁，其他网站的开发和维护；电脑租赁；维护计算机软件；安装计算机软件；计算机软件设计（截止）。有效期至 2022 年 10 月 13 日。2013 年 7 月 5 日，原告胡某向内蒙古自治区通辽市科尔沁区公证处申请网络证据保全公证。2013 年 7 月 10 日，公证员与公证员助理来到鑫艺装潢店，鑫艺装潢店的杨某在电脑前按照胡某提供的互联网证据保全操作顺序，通过互联网进入"内蒙古蒙科立软件有限责任公司"页面，对该网页"蒙科立固什词典""蒙科立音码输入法系列""蒙科立多文种图书馆管理系统""蒙科立新闻文稿系统""蒙科立网站内容管理系统""蒙科立淘宝网店铺"的相关信息进行查看，并对上述网页进行了实时打印，共打印书面文档七页。上述过程记载于内蒙古自治区通辽市科尔沁区公证处出具的［2013］通科证字第 1316 号公证书中。

被告蒙科立公司于 2002 年 5 月 22 日成立，核准的企业名称为"内蒙古蒙科立软件有限责任公司"。经营范围包括：计算机软件开发、培训、销售等。被告在其网站首页、"蒙科立固什词典""蒙科立输入法系列""蒙科立多文种图书馆管理系统""蒙科立新闻文稿系统""蒙科立网站内容管理系统""蒙科立淘宝网店铺"等网页中使用了"▨"字样。原告胡某认为，被告蒙科立公司侵犯其注册商标专用权，请求法院判令被告蒙科立公司立即停止在其网站页面及链接中突出使用"▨"字样。

原审法院认为：《商标法》（2001年）第4条第3款规定："本法有关商品商标的规定，适用于服务商标。"原告胡某依法享有第9xxxxx0号"▨"组合商标的注册商标专用权，应受法律保护。根据《商标法》（2001年）第51条规定："注册商标的专用权，以核准注册的商标和核定使用的商品为限。"原告胡某在核定第42类服务范围内依法享有注册商标专用权，有权在注册商标专用权保护范围内禁止他人的侵权行为。《商标法》（2001年）第52条第1款第1项规定，未经商标注册人的许可，在同一种商品或类似商品上使用与其注册商标相同或者近似的商标的，构成侵犯注册商标专用权的行为。原审法院的争议焦点归纳为：（1）被告在其网站使用"▨"字样是否属于商标法意义上的使用？（2）被告在其网站使用的"▨"是否与原告的注册商标"▨"构成近似。

关于争议焦点（1），原审判决认为，被告蒙科立公司于2002年成立，并取得了"蒙科立"这一企业名称。根据《民法通则》第99条第2款规定，被告依法享有名称权，有权使用、转让自己的名称。"蒙科立"对应的蒙文即为"▨"，是指永恒的火，该蒙文的发音为"蒙嘎立"。被告将"▨"使用在其网页中，并非作为商业标识使用，根据被告网页内容，其提供的服务上标注了其自有商标"MENKSofT"及图形"▨"，且被告并未单独使用"▨"，也未突出使用"▨"。"▨"与被告所提供的服务之间并未建立商业联系，故被告在其网站上使用"▨"字样并非商标法意义上的使用。

关于争议焦点（2），原审判决认为，原告的注册商标由"▨""▨""蒙嘎立"三部分组成。被告在其网站使用

"▨"，是作为中文"蒙科立"的蒙文翻译使用。根据最高人民法院《关于审理商标民事纠纷案件适用法律若干问题的解释》第9条第2款之规定，《商标法》（2001年）第52条第1项规定的商标近似，是指被控侵权的商标与原告的注册商标相比较，其文字的字形、读音、含义或者图形的构图及颜色，或者各要素组合后的整体结构近似，或者其立体形状、颜色组合近似，易使相关公众对商品的来源产生误认或者认为其来源与原告注册商标的商品有特定的联系。经比对，原告的注册商标"▨"与被告在其网站使用的"▨"字样，无论从读音、构图、结构等方面均不构成相似。同时，原告在第42类服务上注册的该商标并未实际使用。就商标而言，应该用于商品或者服务，与其指向的商品或者服务产生某种联系，这样才能发挥其区分来源的识别作用，因此，被告在网站使用"▨"字样，不会导致相关公众对服务的来源产生误认或者认为其来源与原告注册商标的服务有特定联系。

原审法院认为：关于被告认为其依法享有"▨"的在先著作权，不侵犯原告的注册商标专用权；而原告的涉案商标侵犯其著作权，原告应承担立即停止侵权，登报致歉、消除影响并赔偿损失责任的抗辩理由，已告知被告对于其反诉请求，因不属于原审法院管辖，被告可以向有管辖权的法院另行起诉，故对其抗辩理由原审法院不予采纳。

综上，被告在其网站使用"▨"字样，并非商标法意义上的使用，不具备侵害商标专用权行为的前提，且"▨"与原告的注册商标"▨"并不相同，也不相似，不会导致相关公众对原告与被告提供的服务来源的误认，故被告的行为不构成侵权。因此，根据《商标法》（2001年）第52条第1项之规定，驳回了原告胡某的诉讼请求。

上诉人胡某上诉称：一是原审判决认定被上诉人在网站上将"▇"作为企业名称蒙科立的对应蒙文使用，且未突出使用，不属于商标法意义上的使用错误。即使"▇"是作为被上诉人企业名称蒙科立的对应蒙文使用，其性质仍是商业标识性使用，其行为已构成侵权。二是本案涉及的注册商标"▇"是蒙古文字"▇"，但原审法院审理人员缺乏蒙古文字常识，无法识别"▇"蒙古文字的突出使用情况。上诉人享有的组合注册商标中的"▇"字样是该商标的主要部分。被上诉人网站上突出使用的蒙古文字"▇"与上诉人组合注册商标中的"▇"字样的读音、含义、结构字形均完全相同。被上诉人公司在其网站上将其服务项目和产品以"▇"命名，且突出使用，已构成侵权。综上，请求二审法院撤销原审判决，支持上诉人一审诉讼请求。

被上诉人蒙科立公司辩称："▇"是其公司名称"蒙科立"对应的音译蒙古文，其将"▇"作为商号使用；涉案注册商标由蒙、汉文字及图形三部分组成，且未实际使用，被上诉人公司使用的蒙古文"▇"与该商标既不相同，也不相似；综上，原审判决认定事实清楚，适用法律正确，应当予以维持。

二审庭审中，上诉人胡某提交四份蒙科立公司有关蒙古文字"▇"的商标申请信息，证明该公司将"▇"文字作为商标使用，并提出注册申请。同时提交一份编号为ZC9788989BH1的商标驳回通知书，证明其提出的组合商标申请中的某一部分与引证商标相近似而被驳回的事实。被上诉人蒙科立公司对蒙古文"▇"有关的商标注册信息认可，但对该证据所要证明的问题和商标驳回通知书所要证明的问题均不认可；

被上诉人蒙科立公司未提交新证据。二审法院对上诉人提交证据的真实性予以采信，对其所要证明的问题，结合其他证据和庭审笔录内容综合采信。二审查明的事实与原审查明的事实基本相同。

另查明，2013年4月13日被上诉人蒙科立公司向国家工商行政管理局商标局提出与蒙古文字"▨"有关的商标注册申请四份，但至今未被核准。上诉人胡某于2011年8月1日提出的9xxxxx9号商标注册申请于2012年5月7日被国家工商行政管理局商标局以ZC9788989BH1号商标驳回通知书予以驳回。

还查明，被上诉人蒙科立公司的网站首页右上角长方形模块中载有"蒙科立软件"含义的蒙古文，其中与"蒙科立"对应的蒙古文音译词为"▨"，该蒙古文字体和文字大小与"软件"含义的蒙古文一致。蒙古文字左侧突出组合标注了被上诉人公司享有的第3xxxxx7号图形商标和第3xxxxx8号英文商标。在"蒙科立固什词典""蒙科立输入法系列""蒙科立多文种图书馆管理系统""蒙科立新闻文稿系统"模块中对应的蒙古文译文中与"蒙科立"对应的蒙古文音译词为"▨"，该蒙古文的书写字体、大小与其他对应蒙古文译文的字体、文字大小一致；在"蒙科立网站平台"模块的右侧载有与其对应的蒙古文译文，其中与"蒙科立"对应使用的蒙古文音译词为"▨"的手写书法体"▨"，字体与涉案组合商标中的蒙古文字印刷体"▨"有显著区别。在"蒙科立淘宝网店铺"页面中部的"蒙驿服务"模块的右上角载有蒙古文"▨"的手写书法体"▨"，并与蒙科立公司享有专有权的第3xxxxx7号图形商标和第3xxxxx8号英文商标组合使用在独立正方形小模块中，但该手写书法体"▨"字形与涉案组合注册商标中的"▨"有显著区别。此外，上诉人胡某认可"蒙科立"系蒙古文"▨"的一种音译汉文表达。

二审法院认为，依据上诉人胡某的上诉请求和理由及被上诉人蒙科立公司的答辩意见，案件的争议焦点为：（1）被上诉人蒙科立公司在其经营的网站上是否将蒙古文字"▨"作为商业标识使用；（2）被控侵权的标识"▨"与上诉人享有的组合注册商标，"▨"是否构成近似。

（1）关于被上诉人蒙科立公司在其经营的网站上是否将蒙古文字"▨"作为商业标识使用的问题。《商标法实施条例》（2002年）第3条规定，商标法和本条例所称商标的使用，包括将商标用于商品、商品包装或者容器以及商品交易文书上，或者将商标用于广告宣传、展览以及其他商业活动中。被上诉人蒙科立公司成立于2002年，公司全称为内蒙古蒙科立软件有限责任公司，故"蒙科立"可以作为企业名称中的字号使用。"蒙科立"是蒙古文"▨"的一种音译汉文。蒙古文"▨"的含义为永恒的火，但汉文"蒙科立"除可以作为"▨"的汉文音译词外，无其他具体的含义。因此，汉文"蒙科立"对应的音译蒙古文可以使用"▨"。被上诉人蒙科立公司在其使用的公章上刻有与"蒙科立"对应的蒙古文公司名称为"▨"，故被上诉人蒙科立公司将"▨"作为与"蒙科立"对应的音译蒙古文字号使用的事实存在。本案中，被上诉人蒙科立公司在其网站首页中使用"蒙科立软件"含义的蒙古文，与其公司公章蒙古文名称一致，使用方式也是字号+行业的名称注册方式，属于企业字号的使用。在"蒙科立输入法系列""蒙科立多文种图书馆管理系统""蒙科立新闻文稿系统"模块中，"蒙科立"作为上述软件产品的特定名称，起到区别其他同类软件产品的作用。"蒙科立"既是被上诉人公司企业名称中的字号，也是该公司核准注册的文字商标，且与"蒙科立"文字对应的蒙古文音译词"▆"也由被上诉人公司作为商标申请注册当中。被上诉人公司将"蒙科立"及其蒙古文"▆"使用在其经营的软件产品名称中，识别其软件产品的来源，应为商业标识性使用。"蒙科立网站平台"模块和"蒙科立淘宝网店铺"模块中使用的蒙古文字"▆"的手写书法体"▆"，字体独特，与网站上使用的其他蒙古文的印刷字体有明显区别。在"蒙科立网站平台"模块中该手写体"▆"明显大于"网站平台"汉文对应的蒙古文译文；在"蒙科立淘宝网店铺"模块中该手写体的"▆"与其注册商标组合标注在独立的小模块中，识别网店经营的服务项目，说明其经营项目的来源，属于商业标识性使用。综上，原审判决认定被上诉人公司在其网站上使用蒙古文"▆"，不属于商标法意义上的使用，缺乏事实依据，应当予以纠正。

（2）关于被控侵权的标识"▆"与上诉人享有的组合注册商标"▆"是否构成近似。根据最高人民法院《关于审理商标民事纠纷案件适用法律若干问题的解释》第9条规定，《商标法》（2001年）第52条第1项规定的商标相同，是指被控侵权的商标与原告的注册商标相比较，二者在视觉上基本无差别。《商标法》（2001年）第52条第1项规定的商标近似，是指被控侵权的商标与原告的注册商标相比较，其文字的字形、读音、含义或者图形的构图及颜色，或者各要素组合后的整体结构近似，或者其立体形状、颜色组合近似，易使相关公众对商品的来源产生误认或者认为其来源与原告注册商标的商品有特定的联系。本案中，上诉人胡某享有的第9xxxxx0号组合商标"▆"，由图形和蒙、汉文字叠加组成，图形在上，汉文蒙嘎立在下，蒙古文"■"在中间。被控侵权标识仅为蒙古文字"■"，无图形和汉文字，二者在视觉上有差别，不构成商标法上的相同商标。最高人民法院《关于审理商标民事纠纷案件适用法律若干问题的解释》第 10 条第 1 款规定，人民法院依据《商标法》（2001 年）第 52 条第 1 项规定，认定商标相同或者近似按照以下原则进行：①以相关公众的一般注意力为标准；②既要进行对商标的整体比对，又要进行对商标主要部分比对，比对应当在比对对象隔离状态下进行；③判断商标是否近似，应当考虑请求保护注册商标的显著性和知名度。经隔离比对，被控侵权标识"■"的手写书法体"■"与涉案组合注册商标"■"中的蒙古文要素"■"读音和含义相同，但属于手写体，书法字形风格独特，视觉上与涉案注册商标具有显著区别。被控侵权标识"■"与上诉人胡某组合注册商标中间部位的蒙古文"■"，在字形、读音、含义方面均相同，但涉案组合商标为图形和蒙、汉文字叠加组成的整体，被控侵权标识仅与其中的蒙古文"■"相同，故二者在商标构成要素和整体结构上均存在不同。此外，上诉人胡某享有的组合注册商标"■"至今未实际使用，相关公众不会产生该商标与其核定使用的第 42 类服务项目相联系的一般认识，更无证据证实该商标经使用后商标组成要素之一的蒙古文"■"已经在相关公众中产生显著的识别性，并成为该商标的主要部分的事实。故被上诉人公司使用被控侵权标识"■"的行为，不易使相关公众对其提供的服务项目的来源产生误认，也不会认为其服务项目来源与上诉人注册商标的服务项目有特定联系。因此，被控侵权标识"■"与上诉人胡某享有的组合注册商标既不相同也不近似,原审判决对上述事实的认定正确。

案例评析：此案例为涉及在商标、商号中标注的蒙古文字"☒"引起的侵权纠纷。笔者认为此案的核心一直是围绕蒙古文字"☒"展开的,其意思为"永恒的圣火",蒙古人崇拜火,并将火视为生命和繁荣的象征。他们尊敬火为神。在蒙古族中,火神是众神中最受尊敬的神。传统的火祭仪式在每年的阴历十二月二十三日举行。蒙古人将火视为财富和力量的代表象征。人们相信,火可以带来财富、幸福和健康,具有极高的寓意。所以很多人以"☒"来命名自己即将展开的事业,以寓意兴旺。所以,在内蒙古自治区或其他蒙古族聚居的地区,确定商标或标识时使用"☒"一词,其初衷是它本身的寓意,而并不是作为汉语音注的"蒙科立""蒙嘎立"抑或"蒙嘎力""孟克嘎力"等,在内蒙古地区使用这一名称的经营实体非常多,其中除上述纠纷涉及的"蒙科立""蒙嘎立"之外,还有在当地比较有影响的"蒙嘎力"教育培训机构。当地蒙古族也曾联想过他们之间是否有关联,是否此为彼,后来经确认后也就不了了之了。产生联想也是一种伤害。联想理论认为:"如果标记可能产生同商标的联想,公众就可能将二者联系起来。这种联想,不仅是在可能让人认为产品的来源相同或相关的情况下,会损害在先商标,而且即使在不存在混淆时也会有损害。事实上,因看到某一标记无意中想到一个商标,从而造成二者之间的联想,即可将在先商标的商誉转移到该标记上,并因此淡化该商标的形象。"[1]因民族地区商标维权意识

---

〔1〕 张莉:《商标淡化理论的法理基础及运用》,载《华侨大学学报(哲学社会科学版)》2003年第4期。

淡薄,对于商标的认知程度,仍停留在是否申请注册商标的选择层面上,忽略了商标的商誉价值,仍停留在商标的识别功能上,没有更多地关注商标权保护问题。

综上,笔者认为,首先,语言是传递信息的重要符号,而这一信息来源于其所代表的含义。语言符号由音、意两个层面共同构成,音指的是语言符号的物质表现形式,意指的是语言符号的内容,只有音和意相结合才能构成语言符号。[1]指称现实现象作为文字商标不能仅看商标中文字的书写字体而忽略其文字本身的含义,文字商标除其视觉上的显著性效果以外,还有文字内涵所包含的寓意,如在这些"蒙牛""光明"等知名商标中,我们不难看出其文字所包含的寓意,并不因其书写字体的变化而认同为"视觉上与涉案注册商标具有显著区别"而忽视其本身文字含义上的侵权。文字商标除"看"还有"听"的传意效果。其次,不易使相关公众对其提供的服务项目的来源产生错误认识。

二、商标使用中民族文字要素的混淆

民族地区的民族商标法律保护中存在的一个主要问题是民族文字要素的混淆,主要表现是书写字体、风格不同,含义相同的民族文字要素商标随处可见,引起相关消费者的误认。

(一) 缺乏商标使用意识

当今社会,商标已经成为不可或缺的知识产权或无形资产,商标的商誉越高,价值越高,从而对商标权的保护也成了一项重要工程,利益主体纷纷采取各种措施和手段予以保护。笔者

---

[1] 张惠:《民族文化符号的记忆、想象与转换——"魅力湘西"的语言符号解读》,载《湖北民族大学学报(哲学社会科学版)》2021年第2期。

在调研中发现，很多商标申请者申请商标，并不是源于具备了商标意识或已经形成了商标观念。可以说，虽实际已申请注册了商标，但对商标相关的知识了解不够，也没有形成商标权保护意识。商标申请注册过程中，只注重程序的完成，而对商标实质内容并不关心，在摸索中完成商标申请程序，对于商标是否构成侵权，是否给消费者形成混淆未做考量。调查问卷数据显示，67.65%的商标申请者没有通过商标代理机构，自己设计商标图案，也未做初期检索分析。笔者通过电话访谈问其是否考虑过申请的商标会构成对他人商标的侵权时，"不知道""谁知道"等答案比比皆是。注册申请注重程序的完成，机械的操作，注册商标的目的只停留在"拿证"层面上，没有上升为对商标权的保护层面。另外，从民族地区的经营层面分析，大部分特色产品经营者以小规模、传统的生产经营模式为主，且更多专注于日常的生产经营，没有更多精力打造自己的品牌、提高自己商誉的意识，缺乏长远的发展规划。

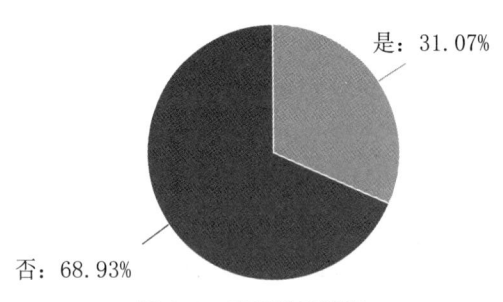

图 4-1 商标使用情况

调研的数据显示，在商标使用问题中，商标使用的比例是31.07%，不使用的比例是68.93%。人们普遍对商标使用没有足够的重视，对商标注册意义的认识只停留在"拿证"的表面，在生产经营中并没有实际使用商标，没能体现商标的商誉价值。笔者在与一名商户的访谈中了解到，考虑到投入成本和经营理念，没有重视商标的使用，商标的价值在于使用，不使用无法形成商标的知名度，更谈不上实现商标的价值。

笔者：您主要经营的业务是什么？

娜仁：主要是奶食，还附带经营一些手工制品。

笔者：您经营了几年？

娜仁：已经快十年了。

笔者：您注册商标了吗？

娜仁：已经注册了，以我自己的名字命名的商标。

笔者：您的商标在使用吗？

娜仁：基本上没怎么用，就是让别人设计了一个商标，也没做包装。

笔者：为什么不使用呢？

娜仁：主要是用商标比较费事，还得投入。我们的奶食大部分是自己制作的，本身很累，每天需要做的工作很多，还要经营，用商标还得包装，涉及很多方面，印刷、包装袋等花费挺高，所以也就没有用。

(二) 缺乏商标权保护意识

商标是用于将某个运营商的产品或服务与其他运营商区分开的标记。我国《商标法》明确指出，审核确立的商标，商标的合法注册人拥有商标使用的专用权，并受我国的法律保护。

民族特色商标是民族地区的商标与地域性、民族性要素的结合，也受商标法调整、受商标法的保护。民族特色商标因其地域性和民族性要素特性，需要保护的领域表现出一定的特殊性。纵观商标的申请形式和构成要素，文字要素的商标比重占比较高，原因是文字商标有易认易记、便于传播、直观传达信息、表达意思明确等优点。对于我国《商标法》第 8 条的规定中的"文字"是否包含民族文字，笔者认为是包含的。只是在实践中由于民族文字的使用范围基本局限于民族地区，且商标申请审核注册环节中民族文字以图形形式审核，使得我国民族语言文字在商标中的本身含义并没有引起足够的重视。如图 4-2、4-3、4-4，属于按图形审核注册的商标，商标中的蒙古文字都是同一个字，只是不同的字体。由此民族地区的商标实践中出现了诸多违背商标权保护原则的问题，因民族文字的局限性，也并没能引起学界太多的关注。避免蒙古文字要素以图形审查的弊端，商标申请前的初期检索分析显得尤为重要。

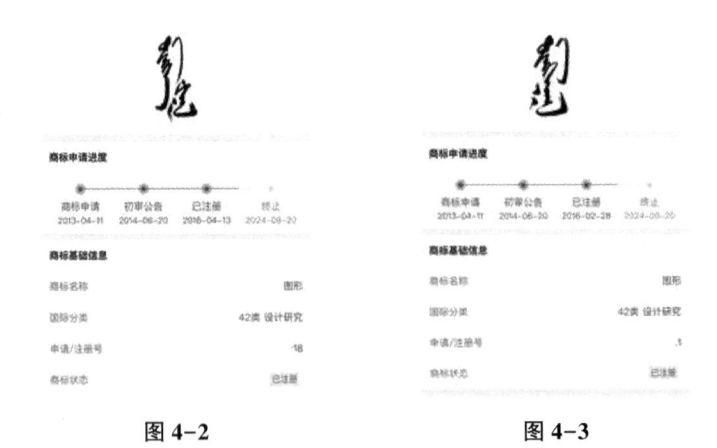

图 4-2

图 4-3

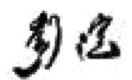

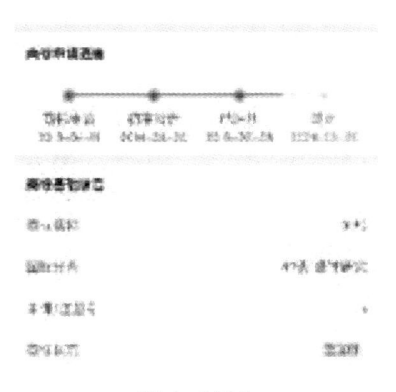

第四章 民族特色商标保护困境与成因

图 4-4 [1]

首先,从民族地区商标申请人分析,本书中涉及的商标申请人,为体现其民族性,笔者调研、访问等均集中在从事生产经营活动的蒙古族。从调研走访及电话访谈了解到的情况来看,他们当中并没有形成初期检索的意识。申请商标比较"随意",按照自己的意愿、喜好、习惯设计商标,还有一部分已注册商标的经营者是由于政策性要求所致,即在有关部门要求时才去申请的商标,其主观能动性较弱,这种申请商标的心态,自然免不了敷衍了事的效果。对于在商标中使用的民族文字是否已经在先使用或与他人商标中的民族文字构成近似等问题没有引起重视,并没有真正意义上去考虑更多的正当性和个性以及商标代表自己产品的功能价值及商誉,也并不会考虑商标侵权或被侵权的问题,主要原因是缺乏商标知识和商标保护

―――――――――
〔1〕 图 4-2、4-3、4-4 均来自全国企业信息查询系统查阅。

意识。反之，笔者在前面也曾提及，一部分创业者，结合自己的事业发展思路，细思深虑，以创造品牌的心态设计商标，结合民族与现代元素创造原创商标，体现其宣传、识别、记忆功能，发挥其商标在特定的民族消费人群中的影响力，提高其商誉。

其次，理想化的商标能否成功注册，是否具有较强的专业能力和技术。商标注册时间长，阶段多，连续性强。对于绝大多数缺乏商标专业知识的申请人，他们很难独自成功地完成这种工作。因此，在商标注册申请时有一部分是通过商标代理机构完成的。民族地区的商标代理机构设置少，大部分商标申请人都是通过网络、电话、信件的形式完成委托。因商标代理机构的人员配备而缺乏民族文字的辨识能力以及工作重心也不是商标要素中的民族文字部分的检索，所以都是按照图形的形式受理，认为以民族文字构成商标要素更容易获得申请，不易引起混淆。极少数具备条件的商标代理机构会对商标中蒙古文字要素进行前期检索分析，告知其风险，对具有不得注册情形的不接受委托。

最后，地方工商行政管理部门和地方商标注册申请受理窗口的初期检索分析。各地方的工商行政管理部门组织开展对注册商标及商标印制单位的监督管理，查处假冒商标和商标侵权行为，并提供服务。地方的行政管理部门并没有直接的商标审查权限。此外，按照《委托地方工商和市场监管部门受理商标注册申请暂行规定》的要求，县级以上工商行政管理部门（由省级市领导）受工商行政管理总局商标局委托在区域政府服务中心或申请注册服务大厅中打开商标注册申请接受窗口，并代为处理商标注册申请受理和其他业务流程。在交付商标注册证书的过程中,在特定区域内承担商标注册申请受理和费用收缴工作,受理商标注册申请文件,明确符合受理条件的商标注册申请的申请日期;做好商标注册申请文件的管理;进行面向服务的工作,例如对商标注册申请的业务流程进行审查和咨询工作。地方工商行政管理部门和地方商标注册申请受理窗口的权限,虽然不直接涉及民族商标的审查权限,但是在其监督管理和服务职能的基础上,对所发现的商标问题进行指导性建议,对所受理的商标注册申请进行前期检索分析,可以有效避免相同或近似商标的重复申请。

三、民族地区地理标志与民族特色商标冲突

地理标志就是商标的另一种存在形式,地理标志也是知识产权里一种特殊的类型,它符合知识产权的第一个特点——"无形"[1]。根据我国《商标法》第16条的规定,地理标志是识别某种产品在特定地区的标识。其产品的质量、信誉或其他特征主要由该地区的自然因素决定,或者是由历史和人文因素决定的标志。《商标法》第16条第1款规定:"商标中有商品的地理标志,而该商品并非来源于该标志所标示的地区,误导公众的,不予注册并禁止使用;……"地理标志与一般的地名不同,它们不仅指示产品的来源,而且更重要的是,产品的特殊质量、信誉或其他特征与来源密切相关。这种关联可能是由自然条件引起的,例如土壤层、流水、气候、地形和地貌,也可能是人文和历史因素所决定的。[2]例如,内蒙古自治区天然草

---

〔1〕 刘春田主编:《知识产权法》,高等教育出版社、北京大学出版社2000年版,第203页。

〔2〕 王迁:《知识产权法教程》(第6版),中国人民大学出版社2019年版,第443页。

原环境使其能够出产高质量的牛羊肉产品,景德镇的瓷器、吐鲁番的葡萄等皆因其地名而闻名天下。如果将地理标志作为商标使用,而它所代表的商品又并非来源于地理标志所标识的地区,往往会产生误导公众的效果。例如,鄂尔多斯羊绒远近闻名,如果允许一家某市的服装公司在其服装上使用或注册"鄂尔多斯"商标,而其出售的服装并非来自鄂尔多斯,则这种商标的使用和注册显然就会有欺骗效果。因而地理标志只能由满足法律要求的团队、研究组或机构注册为集体商标,并且允许根据特定地理区域提供产品和服务的提供者进行使用。

另外,允许个人或公司将地理标志注册为商标会引起与将地理名称注册为商标相同的问题,即不仅不符合商标拥有显著性的特殊要求,而且将服务提供商排除在区域之外,影响其使用地理标志的权利。如果将地理标志注册为集体商标,则应当由来自该地理区域的经营者的组织进行注册。同时,该组织应当接纳所有其商品符合使用该地理标志条件的经营者作为会员。这样,这些成员就有权以集体商标注册者会员的身份,在经营活动中使用含有地理标志的集体商标,以表明自己来自该特定地理区域。如果将地理标志注册为证明商标,则该证明商标将起到证明商品原产地以及其他特定品质的作用,应由对商品具有监督能力的组织进行注册,同时允许其所有商品符合使用该地理标志条件的经营者使用。

锡林郭勒盟因其特有的地理环境与人文环境孕育了丰富的具有民族特色的产品。其中,远近闻名的"锡林郭勒羊肉"、传统蒙古包营造技艺、民族服饰制作、摔跤服制作技艺、毡绣、勒勒车制作、查干伊德制作等民族特色产品不胜枚举,而这些民族特色产品来源于特定的民族区域,由此这一区域民族特色产品的地理标志保护显得尤为重要，必须面对由地理标志与商标二者冲突产生的问题。在调研中发现以地理标志注册为商标的现象比较多，例如，图1-10的"阿巴嘎乌冉克羊"商标中，"阿巴嘎"是一个可以公共使用的地理名称，"乌冉克羊"是当地羊的品种，申请人没有理由通过商标限制他人使用公共的地名，限制阿巴嘎人对当地品种的"乌冉克羊"进行蓄养、销售并将"阿巴嘎乌冉克羊"用于自己的宣传标记标识上。申请人已经核准注册"阿巴嘎乌冉克羊"商标，并不表示"阿巴嘎乌冉克羊"这几个字只能由原告独家使用，通过正当理由、正当方式，他人也可被允许使用。《商标法实施条例》第4条规定："……不要求参加以该地理标志作为集体商标注册的团体、协会或者其他组织的，也可以正当使用该地理标志，该团体、协会或者其他组织无权禁止。"因此，即使类似"乌冉克羊"商标是集体商标，这个地理区域的经营者并不愿意加入已经注册了集体商标的组织，是否可以使用该集体商标？集体商标的注册是为了保障地理标志的权利，允许来自该地理区域的经营者使用，而不是一种资源垄断的目的，这一区域的资源应该是该区域的经营者共享的。

首先，"阿巴嘎"是一个旗的通用的地理名称，也就是说，该地理区域中的任何人都可以使用该地理名称。地名本身不具有唯一的产品识别功能。只有在这些地理名称作为注册商标使用了较长一段时间，消费者已经对这一商标与特定的商品来源有了一定的联想，这个商标标志才具有了一定的显著性，即可以在原始地理名称的含义中创建另一种含义，该含义可用于确定商品的类别，具有一定的显著性特征。以这种方式形成的商标可受到法律的保护，例如"青岛啤酒""鄂尔多斯羊绒衫"。

假如这个地理标志被注册为集体商标，则应由运营商组织从地理区域进行注册。其次，此组织还应接受其产品符合地理标志使用条件的经营者作为会员。这样，这些成员就有权以集体商标注册者会员的身份，在经营活动中使用含有地理标志的集体商标，以表明自己来自该特定地理区域。而"阿巴嘎乌冉克羊"商标并非集体商标。

其次，注册了商标即获得商标专用权，在相同或相似的商品上运用相同或相似的商标均被视为非法。这种对商标权的绝对保护，形成了所有权人利益保护与社会公益的失衡。商标权人在申请注册之前应该明知将要申请注册的商标是带有普遍适用性的地理标志，地理标志与商标的冲突会大大地削弱或限制商标所有权人的权利。因为可以确认即使商标已成功获准注册，其他公众也不可避免地会使用该地理名称。所以，商标所有人对商标法律保护的期望应该相对较低。

2015年3月28日，"元上都"商标在29类别中，鱼类、家禽……批准新项目注册申请。[1]本商标中，申请商标的文字部分"元上都"是中国第三批全国重点文物保护单位，国家AAAA级风景名胜区。风景区名称的主要功能是代表风景区的所有自然和文化遗产资源，并且具有地名的含义。在第29类肉类、鱼类、家禽等项目上，消费者很容易将品牌与其所指的景区的区域相关联，而不是将其标识为商标；景区名称应视为一种公共资源，不应仅限于个人使用，应适用《商标法》第11条第1款第2项情形，不应予以注册。《商标法实施条例》规定，如果已注册为集体商标或认证商标的地理标志，则在申请文件中必须提及标有地理标志的商品的特定质量、声誉或其他特征；

---

[1] 锡林郭勒盟正蓝旗已注册商标信息台账。

商品的特定质量是地理标志所指区域的声誉、其他特征与自然和人为因素之间的关系,以及地理标志所指区域的范围。

第二节 民族特色商标法律保护的困境成因

经济体系已经沉浸在文化和艺术的自然环境中。在这种文化和艺术的自然环境中,每个人都遵循其所属群体的标准、风俗和行为方式。在形成民族文化上,各种因素在整体上是密切相关的,它们共同构成社会发展的客观事实。这就像生命作为整体无法分解,所以它只能以整体的形式存在于物质中。中华民族经济的发展,作为整个民族文化不可或缺的关键要素,并没有分离于文化而独立存在。[1]民族特色商标的形成也有其经济和文化的原因。自党的十八大以来,在习近平总书记的领导下,民族地区的综合实力得到了显著提高,经济社会得到了发展,经济社会在充分而协调地运行。基础设施建设取得了进展,人民的生产和生活条件得到了显著改善。典型行业正在迅速发展,社会企业取得了重大进展。[2]

但是,由于历史的原因,当然还有自然地理的影响,民族区域的发展仍然存在一些困难。随着我国社会经济发展进入新局面,民族区域发展趋势呈现出新的特点,必然将面对新的挑战。民族经济在适应市场主导体制的过程中,需大力补齐发展短板,激发内生动力,改善地区市场经济环境,形成并增强自

---

[1] 罗康隆:《民族经济活动的文化环境分析》,载《怀化学院学报(社会科学)》2004年第1期。
[2] 国务院《关于印发"十三五"促进民族地区和人口较少民族发展规划的通知》(国发〔2016〕79号)。

身的市场竞争优势。[1]在民族特色商标保护领域中,从笔者调研了解的情况来看,在民族地区已初步形成对商标的认识,都有申请与自己经营行业相关的商标的愿望,并且一部分经营者已经注册了商标。如图4-5,通过样本统计和分析,在从事生产经营的商户中,28.04%的商户注册了商标,71.96%的商户未注册商标,从比例上看,注册商标的比例不是很高。

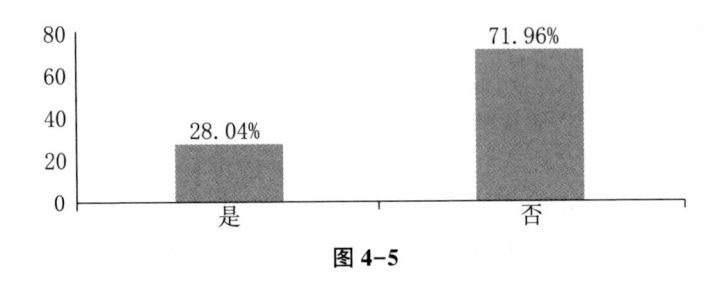

图 4-5

民族地区形成的民族特色商标的申请主体的商标权保护意识淡薄,对商标的认知停留在"获得注册"层面上,换句话说,只是想获得商标注册,而对于所申请注册的商标会不会侵犯他人在先权利、是否具有显著性、是否与当地的地理标志产生了冲突以及是否使用了县级以上行政区划的地名等问题,并没有过考量。原因是缺乏商标的基本性知识,没有形成对商标权的保护意识,从而"机械性"地完成申请注册商标程序,对于结果并没过多的关注。这种缺乏商标基本性知识及商标权保护意识淡薄,正是民族地区申请注册的民族特色商标中存在保护困境的成因。

---

[1] 李曦辉:《基于铸牢中华民族共同体意识的少数民族经济发展研究》,载《中央民族大学学报(哲学社会科学版)》2020年第5期。

一、民族文字在商标中的局限性

(一) 语言文字及蒙古语言文字

语言是人类思维的工具,也是人类最重要的交际工具。从语言自身的组织方式看,语言表达是一种自定义标记的符号。语音是其主要的外部表现形式,词汇是其装饰材料,语法是其结构规律,语音、词汇和语法构成了语言表达的运行系统。文本是人类社会中各种文化和艺术的基础。这是科学技术进步和各种系统学科课程产生和成熟的必要条件。它也是记录每个人的社会发展的标志和媒介,也是个人发展感性思维和创新思维的主要工具。[1]

结合语言和文字的定义,语言文字记录每个民族的社会生活现象,是民族群体展开交流与人际交往的工具,也是符号和载体,人们通过语言文字传达感性及理性思维。蒙古语言文字属于民族语言文字的范畴,它的功能在于,是社会成员之间的思想交流和信息传播的主要方式。失去这种交流,就失去了社会生产本身的存在,所以语言文字既是交流的工具,又是社会生产发展的工具。此外,民族语言在一个国家的兴起和发展的整个过程中具有非常关键的作用。民族语言表达是构成一个国家的要素之一。不同的国家、不同的民族使用不同的语言表达并使用不同的文字。此外,语言和文字是理解和识别一个国家的关键指标,也是一个国家传承的重要依据,相同的民族语言文字则是一个国家的载体。形成中的民族语言文字促进民族其他特征的形成,并与其他民族特征共同影响作用,促进民族的

---

[1] 卢士樵、李萍:《文字学原理》,东北师范大学出版社2013年版,第95页。

发展；民族语言文字也是一个民族内部团结、统一和稳定的条件。因此，民族成员对自己的语言表达有独特而自然的感觉，这种感觉使民族语言得以继承和延续；民族语言也是表达民族文化和艺术的一种特殊工具和方法，也是民族文化和艺术的实际表达方式。一个国家的历史、教育、科学研究成果、文学和艺术都以本国语言和文字表达和记录。可以看出，语言和文字在一个国家的兴起和发展的过程中发挥着重要符号、载体、交际工具之作用，尤其在民族文化的传承中起到不可或缺的作用，没有语言文字的表达和传播功能，就没有一个民族的文化的传播与传承。蒙古族主要分布在我国内蒙古、辽宁、吉林、黑龙江、甘肃、青海和新疆，但人口主要集中在内蒙古自治区。蒙古族有自己的语言和文字。蒙古语分为三种方言：内蒙古语、卫拉特语和巴尔虎布里亚特语。内蒙古方言是中国蒙古语标准的主要语言。标准发音隶属哈尔土语、巴林土语、科尔沁土语、喀喇沁土语、鄂尔多斯土语、额济纳土语，现在以正蓝旗为代表的察哈尔土语为标准音。蒙古文字是13世纪初用回鹘字母创制的畏兀体蒙古文（回鹘式蒙古文）。14世纪初，蒙古语言学家搠思吉斡节尔在古维吾尔字母的基础上拼写蒙古语，用来记录蒙古文字，对畏兀体蒙古文（老蒙古文）进行了比较系统的改革，史称"新蒙古文"。搠思吉斡节尔的文字改革对蒙古语文的规范化起了很大作用。内蒙古自治区是我国最早成立的省级民族区域自治地方，也是蒙古族主要聚居的地方，内蒙古自治区在过去七十余年的民族区域自治制度实践中，各项事业取得了跨越发展，内蒙古民族事务依法治理工作也取得了显著成就，尤其在保障民族文化权利。学习使用蒙古语言文字及蒙古语言文字工作法治化方面，在《宪法》《民族区域自治法》《教育法》《国务院实施〈中华人民共和国民族区域自治法〉若干规定》等法律法规中有关"保障学习使用民族语言文字"规定的基础上成效颇多。

(二) 蒙古语言文字的立法保障

中国共产党第十九次全国代表大会的报告指出,推进现代化治理制度和治理能力是深化全面改革的共同目标。在民族工作领域,关键是提高民族事务治理的现代化能力,促进民族事务管理中的法治,并最终实现经济和文化发展,民族和谐与稳定。

新中国成立以后民族权益保障方面的规定主要集中涵盖于:首先,居于最高位阶的是《宪法》,具体为第4条;其次,呈现为法律的有《民族区域自治法》第10、21、47条,《教育法》《人民法院组织法》《刑事诉讼法》第11条,《居民身份证法》第4条等,语言文字专门法主要有《国家通用语言文字法》第8条;再次,国务院制定的行政法规,如《汉语拼音方案》《地名管理条例》《扫除文盲工作条例》等;最后,由国务院部委及授权组织制定的规章,如《地名管理条例实施办法》等。

可见,国家层面对于语言文字已经制定了各个层级的法律文件,基本形成了语言文字领域的法律体系。这些对于各个民族地方形成有关民族语言文字法律体系具有重要的指导意义,加之,按照《立法法》规定的我国法律法规规章制定规则,地方制定的有关语言文字的法律文件或者民族自治地方制定的民族语言文字法律文件必须遵循宪法和法律的原则,内容不能与宪法和法律相抵触。另外,为了提高各民族地区政府对于民族语言权利保障工作的落实力度,国家民族事务委员会于2017年

3月17日又制定出台了《"十三五"少数民族语言文字工作规划》对民族语言文字工作进行了科学规划，再配合各地区的语言文字工作条例，我国逐步营造了在民族地区使用民族语言的立法环境，强调司法诉讼中对少数民族诉讼当事人和诉讼参加人应该提供翻译，诉讼法律文书也要确保翻译成民族语言文字，内蒙古自治区作为模范自治区，在民族事务依法治理制度化、规范化方面取得了诸多成就，尤其在民族语言文字工作治理方面，自2005年颁布实施《内蒙古自治区蒙古语言文字工作条例》（已失效）以来，蒙古语言文字标准化、学习、规范使用等方面均取得了显著成绩。

（三）民族特色商标中蒙古文字要素的使用

民族地区生产的产品，产品的商标注册带有民族和地域文化的烙印，最明显的一种是商标上的民族文字。这不仅反映了产品的独特属性，而且也很容易被消费者识别与记忆。[1]在西部大开发及"一带一路"倡议下，距京津冀经济圈最近的草原牧区锡林郭勒盟经济快速发展，紧抓国家重点绿色农畜产品制造产业基地建设，打造绿色生态高端畜牧产品之都，积极推进养殖业结构升级改造创新，稳步发展中国驰名商标"锡林郭勒羊肉"知名品牌，加快发展优质高品质羊肉产业，抓好马奶等产品的研究与利用，积极发展时尚毛绒产业，优化了育种、生产加工、商品流通、销售和推广的各个阶段，提高了畜产品的市场占有率，实现了高品质和有竞争力的价格。[2]其中很多都是采用传统的生产工艺，具有浓郁的民族特色而且在当地拥有

---

[1] 李贵:《民族文字商标：商品的文化烙印》，载《中国民族报》2007年4月24日。

[2] 参见 http://www.xlgl.gov.cn/zjxlgl/tzxm/tzdx/201803/t20180317_1951041.html。

较高知名度的产品，而"商标自身的影响力是出售商品的助推剂"[1]，产品以商标为识别来源。伴随我国当前综合实力的提高，以及我国社会经济全面的快速发展，特色优势产业的快速发展，人们的生产和生活水平也在不断提高。商标作为商品的助推剂，在民族地区形成了具有鲜明特色的民族特色商标。

1. 早期的蒙古文字商标

早期的标注有蒙古文字的商标，集中呈现了20世纪80年代改革开放初期，随着民族经济的发展而形成的，主要以蒙古文字为要素的民族特色商标。这一时期商标的特点主要表现为：首先，商标中蒙古文字要素应用较多，内容较丰富。其次，基本未形成民族特色产品和品牌，大部分商标标注的蒙古文字要素为翻译汉文字而形成，有音译也有意译。如图4-6金星、金驼、图4-7牧羊牌地毯为意译，即根据汉语的意思翻译成蒙古文字；图4-8昭君香烟为音译，即根据汉文字的读音书写的蒙古文字，但将诗的部分"昭君自有千秋在，胡汉和亲识见高"按照其意思翻译成蒙古文字；图4-9碘盐商标较为特殊，未标明汉文字的产品名称；图4-10、4-11、4-12也均为音译和意译形成的标注蒙古文字的商标。再次，此类蒙古文字商标中错别字较多，图4-7、4-9、4-10、4-11、4-12均有蒙古文字书写错误的情况，甚至图4-7牧羊牌地毯中的蒙古文字都不成形，判断不出是蒙古文字；图4-9碘盐中的碘翻译为"ᠢᠣᠳ᠋"，但错写成"ᠢᠣᠳ"，除此之外还有其他书写错误，在此不一一列举；图4-10、4-11、4-12也存在不同程度的蒙古文字书写和使

---

[1] 张慧春：《商标显著性研究》，知识产权出版社2017年版，第64页。

用错误的情况。

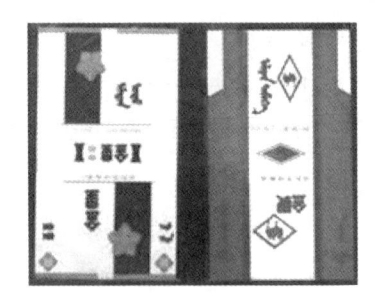

图 4-6　金星、金驼[1]

图 4-7　牧羊牌地毯[2]

图 4-8　昭君香烟[3]

图 4-9　碘盐[4]

---

[1]　图片源自锡林郭勒盟东乌珠穆沁旗博物馆额日和木巴图个人收藏。
[2]　图片源自锡林郭勒盟东乌珠穆沁旗博物馆额日和木巴图个人收藏。
[3]　图片源自锡林郭勒盟东乌珠穆沁旗博物馆额日和木巴图个人收藏。
[4]　图片源自锡林郭勒盟东乌珠穆沁旗博物馆额日和木巴图个人收藏。

第四章 民族特色商标保护困境与成因

图 4-10   图 4-11   图 4-12[1]

2. 源含义蒙古文字要素商标

对源含义蒙古文字要素商标的界定，笔者是对调研过程中收集的商标进行归纳、整理、分析的基础上总结的。此类商标是指在民族特色商标中使用的蒙古文字代表一定的含义，而不是只是音译、音读或作为图形使用。在民族地区，人们习惯用具有一定寓意、祝福或象征意义的词汇或能够代表商品的其他词汇作为商标要素使用，这些元素通常直接用蒙古文字表述。例如，通过全国企业信息查询系统查询可知：仅以蒙古语"ᠮᠣᠩᠭᠣᠯ ᠭᠠᠯ"的读音"蒙和嘎力""蒙科立""蒙嘎立""蒙嘎力"搜索到的近五年在册的企业及个体工商户等有37个，其中登记商标的7个，商标近似的三个企业，其商标从蒙古文字的含义来看毫无区别，主要源于"ᠮᠣᠩᠭᠣᠯ ᠭᠠᠯ"一词具有对火的崇祭的象征意义。另外，有些企业和经营实体没有在该平台登记其商标。如图2-12、图2-13、图2-14都属于此类商标。

---

[1] 图4-10、4-11、4-12 20世纪蒙古文字商标合集。图片源自锡林郭勒盟东乌珠穆沁旗博物馆额日和木巴图个人收藏。

在实践中,此类源含义蒙古文字要素商标是在哪一个时间阶段形成的,没有办法具体考量,只能说它是在一个循序渐进的、不断发展的过程中形成的。

图 4-13 [1]

图 4-14 [2]

图 4-15 [3]

以上图片为蒙古族传统的"逐水草迁徙"的蒙古包,从图

---

[1] 图 4-13 为锡林郭勒盟阿巴嘎旗调研实践图。
[2] 图 4-14 为锡林郭勒盟西乌珠穆沁旗首家草原民宿"巴图牧场"。
[3] 图 4-15 为锡林郭勒盟西乌珠穆沁旗首家草原民宿"巴图牧场"。

4-13 到图 4-15 展示了蒙古包与时俱进的变化，人们生活方式的改变，不断融入新的元素，形成了传统与现代发展要素相结合的产物，而这种转变大部分还是体现在商业活动中。图 4-13 为 2018 年笔者在锡林郭勒盟阿巴嘎旗调研时的实地拍摄，图片中的人物系同时调研的同学，场景为传统的蒙古包内饰、摆设。图 4-14、4-15 为锡林郭勒盟西乌珠穆沁旗首家草原民宿"巴图牧场"，同样是蒙古包，在内饰、摆设上却融入了现代元素，保留传统文化的同时充分考虑到现代人饮食起居的新的要求。随着市场经济的发展、社会开放程度的不断加强，市场经济所形成的价值观和文化观也渗入民族群体的生活生产中，新型的民族产业不断滋生的同时形成了独特的民族品牌，人们充分发挥民族传统技艺的优势，融入民族文化产业之中，使民族传统产业在现代化经济发展中有一席之地，在开放和科学发展的轨道上发挥自己的特色，发挥民族个性和审美习惯，创设体现自我价值和文化特点的商标，即具有民族特色的商标。在这一时期，商标已经不仅局限于翻译形成，而是基于自己产品的特点已经形成了原创型的、发挥本民族特色的、代表民族语言文字源含义的、代表民族传统的符号、传统名号、图形、图腾的民族特色的原创商标。

锡林郭勒盟大草原拥有 18 万公顷的优质纯天然草场，有着长达 1100 公里的边境线及口岸，文化底蕴浓厚，历史文化遗产和非物质文化财产众多，为文化旅游业发展提供了优厚的条件。2010 年锡林郭勒盟获得国家马业协会授予的"中国马都"荣誉称号，2012 年元上都遗址正式被联合国教科文组织列为中国第 30 项世界文化遗产。[1]结合这一天然的特性和保留较为完整和

---

[1] 参见 http://www.xlgl.gov.cn/zjxlgl/tzxm/tzdx/201803/t20180317_1951041.html，访问日期：2024 年 1 月 12 日。

典型的游牧生产、生活方式的良好状态,所形成的具有民族特色的商标具有一定的代表性。如图 4-16、4-17、4-18。

图 4-16　　　　　　图 4-17　　　　　　图 4-18

从民族地区的实际情况来看,由于我国少数民族大多居住在偏远地区,"少"且"边缘"的状态,形成了我国民族地区商标的多样发展,而且与之相关的利益诉求并未受到人们的关注。因为商标申请时在检索和审查环节上缺乏蒙古文字部分含义的检索与审查,在商标当中时常出现因为蒙古文字部分没有审查其含义,从而出现使用错误和滥用及将地名注册为商标的情况。以下图中的商标为例,图 4-19 舒图为锡林郭勒盟西乌珠穆沁旗的一个苏木名字,蒙古文字书写错误;图 4-20 中的蒙古文字为锡林郭勒盟的"锡林郭勒",属于县级以上行政区划的地名。根据我国《商标法》第 10 条第 2 款的规定,县级以上行政区划的地名或者公众知晓的外国地名,不得作为商标注册。此外,还规定,地名具有其他含义或者作为集体商标、证明商标组成部分的,可以进行注册。该商标申请者为西乌珠穆沁旗的某公司,"地名具有其他含义"应当结合地名一般不得作为商标注册使用的原因来理解,地名的主要功能在于标识产品或服务的地理来源,而不能起到商标的区别不同生产者和经营者的作用。如果将地名

第四章　民族特色商标保护困境与成因

作为商标为一家企业或个人所独占,则会妨碍他人将该地名作为地理标志使用,或使商标具有地理欺骗性。[1]因此,此地名明显具有与地名不同的既定含义,并且易于被大众接受,才可以使地名具有商标应具有的标识作用。而 " ꡀꡀꡀꡀ 锡林河",蒙语为锡林郭勒之意,锡林郭勒草原及锡林郭勒盟之名皆来自于此河流,属锡林郭勒草原上的一条内陆河,河水起源在赤峰市克什克腾旗境内,绕锡林浩特市而过,原注入市北部的查干淖尔,由于市区北部修建水库截流,一般消失在市区北部。[2]不具有商标法所要求的县级以上的行政区划地名以外的含义。另一个例子如图4-21,在该旗统计的265份商标中"元上都"商标占39份。元上都遗址位于内蒙古自治区锡林郭勒盟正蓝旗草原,1988年,该遗址被列入中国第三批全国重点文物保护单位。2012年6月29日,第36届世界遗产大会在俄罗斯圣彼得堡正式宣布,将中国元上都遗址列入《世界遗产名录》。图4-22商标中的"艾日格"为蒙古语" ꡀꡀꡀꡀ "的音读汉语,翻译为酸奶。《商标法》第11条第1款第2项规定,仅直接表示商品的质量、主要原料、功能、用途、重量、数量及其他特点的不得作为商标注册。由此在民族地区此类仅代表产品原料的商标是否可以注册呢？笔者认为,商标局在审查商标时能以"膏痴"为潮汕话好色之意、"坤沙"为缅甸曾经的世界第一毒枭为由驳回商标申请,也可以对民族地区的民族特色商标予以严格的审查,从而为维护民族地区商标秩序提供有力的支撑。

---

[1] 北京市高级人民法院行政判决书[2003]高行终字第65号。
[2] 参见 http://www.xlgl.gov.cn/zjxlgl/tzxm/tzdx/201803/t20180317_1951041.html,访问日期：2023年12月6日。

图 4-19　　　　　　　　　图 4-20

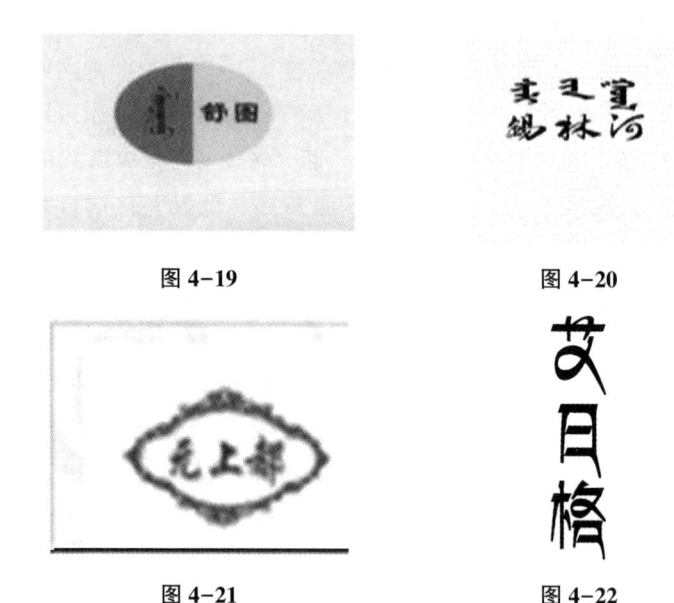

图 4-21　　　　　　　　　图 4-22

《商标法》第 18 条的规定："申请商标注册或者办理其他商标事宜，可以自行办理，也可以委托依法设立的商标代理机构办理。外国人或者外国企业在中国申请商标注册和办理其他商标事宜的，应当委托依法设立的商标代理机构办理。"根据这一规定，申请人可以自行注册商标，但因为申请人自行申请的环节中，除自己设计的商标图形外，对于商标申请毫无常识，对申请前检索、分析等一窍不通，再遇到被驳回后无法答复、申诉的情形，更做不到完整的论证，尤其在民族地区这种现象尤其明显，最后只得借助于商标代理机构办理，这种做法在民族地区几乎已经形成了惯性。在调研中发现，锡林郭勒盟所涉及的商标代理机构几乎都设立在外地，且很少配备了解民族文字的工作人员，即使有懂蒙古文字的工作人员，商标代理机构也因工作职责，对于商标中的蒙古文字的使用，以图形近似与否的角度查询，而不会辨识蒙古文字的使用规范程度，也不会考虑具有蒙古文字要素的民族特色商标是否具备商标法的实质性要件。而在商标局审核环节，商标中的蒙古文字部分以图形的形式审核并不会审核其含义。

笔者在调研过程中，与内蒙古燃雨知识产权咨询管理有限公司杨女士进行了访谈交流，具体内容如下：

笔者：您好！我想了解一下贵公司关于涉及蒙古文字、传统名号、非物质文化等要素组成的民族特色商标的代理情况。

杨女士：好的。

笔者：您公司是哪一年成立的？您公司这种代理民族特色商标申请的情况多吗？

杨女士：我们公司是 2015 年成立的。这种情况也挺多的，大概每年有几百件吧。主要是蒙古文字的多，以及蒙汉组合，前几天我们还代理了一个纯蒙古文字的商标，《商标注册证》已经收到，还没来得及给客户送呢。

笔者：您公司目前工作人员多少名？有懂蒙古语的工作人员吗？

杨女士：我们公司目前工作人员有 35 名，懂蒙古语的有 3 个人。他们主要在面向锡盟阿旗、黄旗、阿拉善、巴盟等地区的业务方面进行蒙古语交流。因为在这些区域蒙古族人员较多，大多是个体经商，或者是一些工艺品的制作、销售。

笔者：遇到蒙古文字错误的商标会不会告知当事人？

杨女士：只要发现的都会告知，会给解答文字错误。通过概率低的，风险较高的我们都不会建议客户去申请，因为商标申请的专业性较高一些，我们也会辅助申请人更换名字，蒙古文字我们也会进行图形的对比,在审查中以汉语审查员为主,所以我们蒙古语的提前分析和交流能让他们得到更好的帮助及下证的概率。很近似的不会收客户的商标代理申请。但是到了国家商标局审核是以图形进行比较,没有专业的翻译人员。

笔者:您了解其他商标代理机构是怎么做的吗?

杨女士:目前我了解的机构可以双语工作的人员几乎没有。考虑到自身是蒙古族所以想在专业的方面给予客户更多的帮助。也想帮助民族的品牌得到正确及全面的保护。由于我们这个行业的特点,没有专业的学科授课的一个过程,在人员招募上面我们有很大的难度,所有招募的人员我们前期都会进行一个全面及专业的培训。在职业过程中我们也会不断提高他们的专业水平及职业素养。我认识的几个都没有蒙古族工作人员。因为我自己是蒙古族,所以会考虑这方面。但是因为我们业务量大、工作辛苦、竞争也比较激烈,刚毕业的大学生进入工作状态也比较慢,所以招聘时就会考虑各方面能力都比较强的。

笔者:您公司代理的民族特色商标申请,成功注册的概率高吗?

杨女士:通过我们前期的检索分析,蒙古文字目前下证的比较高,有专业双语进行从字形到含义的解析,及商标法的综合考虑,很大程度上规避了前期的风险,从而提高了我们的下证率。因为是图形形式审查,通过率相对好一些。但是这类商标还是处于劣势,比如黄旗那边代理的80%都是奶食品,自然近似程度比较高。

笔者:类似奶食品店等经营户不申请商标不可以吗?

杨女士:商标是有准入市场的,一是为了保护商品来源,二是为了保护消费者的合法权益,各大平台以及商场把产品商标注册列入必要条件中。主要是因为商品准入市场的原因,很多平台不接纳没有商标的产品,比如美团、淘宝。

二、民族特色商标法律保护配套制度缺失

申请注册商标是识别类似产品的企业赋予产品品牌"真实身份"的关键标记。随着市场经济的不断发展,每个人的商标观念越来越强,商标市场竞争越来越激烈。长期以来,商标不仅是产品的标志,而且还反映了文化和艺术。[1]在民族区域许多商品或服务都具有其民间文化内容,并拥有明显的民间文化和地域特色烙印。民族特色的商标标志不仅是该地区文化艺术的主要体现,更重要的是一种特有的历史传统文化现象。随着民族地区经济社会的发展,民族特色商标的影响力也日渐凸显,所凝聚的财产利益也不断彰显。然而目前我国商标相关法律规定中没有明确民族商标的法律属性和法律地位,缺乏必要的法律依据。

首先,从商标的构成要素上分析,我国商标相关法律规定中商标要素的关键依据是《商标法》第8条,其中规定:"任何能够将自然人、法人或者其他组织的商品与他人的商品区别开的标志,包括文字、图形、字母、数字、三维标志、颜色组合和声音等,以及上述要素的组合,均可以作为商标申请注册。"《商标法实施条例》第13条第7款规定,商标标识应用外语或者包括外语的内容,应当说明其含义。在这一条款规定的商标

---

[1] 李贵:《民族文字商标:商品的文化烙印》,载《中国民族报》2007年4月24日。

基本构成要素中，笔者认为是包括民族特色商标的各项要素的，如民族文字、民族特色的符号、图腾等，但由于《商标法》及《商标法实施条例》中对商标构成要素的规定不明晰，在实践中以民族文字为构成要素形成的民族特色商标中，以相同含义的文字注册为不同商标的实例比较多，"蒙科立""蒙嘎力"商标纠纷的源头也是如此。

其次，从商标审查环节上分析。国家商标局根据我国《商标法》的要求，对申请注册的商标进行审查，审查自收到注册商标申请文件之日起9个月内完成。符合《商标法》要求的将获得基本批准。在审查环节上在《商标法》和《商标法实施条例》《商标审查及审理标准》中均无明确的与民族文字相关的审查及审理标准，也没有说明其含义的要求和规定，而是以图形的形式进行审查。而蒙古文字组成的"图形"与图形是有区别的。图形重在其视觉效果的显著性，而蒙古文字组成的"图形"除视觉效果的显著性以外，在民族地区还有其文字传达的寓意即含义，对此本书已在第一章通过具体商标图例进行了介绍。单纯地只审查其视觉效果的显著性是片面的。从另外一个角度，"图形"审查也绕开了《商标法》第10条，关于带有民族歧视性的；带有欺骗性，容易使公众对商品的质量等特点或者产地产生误认的；有害于社会主义道德风尚或者有其他不良影响情形的规定，不了解民族文字的含义，就无法知晓是否存在上述不得作为商标使用的情况，也难以知晓是否存在《商标法》第11条规定的不得作为商标注册的情形。

三、商标使用主体的经济利益驱动

马克思主义认为，对于利益的追求是人民从事各种行为和活动的根本动机。"人们奋斗所争取的一切,都同他们的利益有关。"[1]在知识产权领域更是如此,随着国家对知识产权保护的不断重视,知识产权权利人和公众也普遍认识到其背后的巨大经济价值。尤其是在商标权领域,假冒商标、恶意抢注、商标侵权等行为的背后往往是巨大利益的诱导,致使一些不法之徒钻法律的漏洞谋取非法利益。民族特色商标与地方传统文化、传统风俗和地理风貌密不可分,是民族特色文化的重要组成部分。民族特色商标的假冒和侵权等现象,就是少部分商标使用主体基于巨大经济利益的考虑,不惜模仿和抄袭他人的知识产权,以提高其产品影响力,最终获取巨额的经济利益。

民族特色商标突出民族地域特色的文字、符号、图腾、声音等元素,是民族精神文化的重要代表,具有巨大的经济价值。正是由于民族特色商标在民族地区的影响力,利用其鲜明的地域特色和民族感召力,采取"搭便车""蹭流量"等方式致使权利人利益受损的现象屡有发生。同时,民族特色商标在民族地区是企业良好信誉和产品质量的保证,也是企业最大的无形财富。比如鄂尔多斯羊绒已成为民族品牌,早已成为消费者中良好口碑和信誉的代表。部分企业为了谋取利益,恶意抢注和假冒民族特色的知名商标和字号,使用与他人相同或近似的商标,使公众产生误导或混淆,以此在市场竞争中获取利益。

民族特色商标以其独特的民族性和地域性,加之简单、易于传播等特点,深受企业和民众青睐。丰厚的利益回报是商家恶意注册和造成商标侵权的主要原因,主要表现在:其一,部分商家将已成名的民族标志据为己有,省去大笔用于商品设计和培育的经费,把地理标志、代表人物等作为企业的商标,用

---

[1]《马克思恩格斯全集》(第1卷),人民出版社1960年版,第82页。

较小的代价即拥有了巨大的市场和较高的品牌效益。其二，部分企业恶意抢注，但其实体并不具有商品生产能力，只是将该商标据为己有，然后伺机售卖。他们抢注商标后开始与被抢注的企业进行联系，或是向真正有需求的企业收取一定的商标转让费，有的甚至恶意起诉被抢注的企业，以换取丰厚的赔偿费用。其三，部分企业借助民族语言文字翻译不很规范的特点，在图形、文字上稍作改动，直接造成商标侵权，扰乱产品市场，如前文提到的"那达慕""勒勒车"等商标。

正如曾陈明汝所说："良好的商标须经精心设计，并赖长时间之广告与商品品质优良，始能建立其威望。狡黠之徒遂以他人夙着盛誉之商标，加以仿冒影射，意图以赝品充塞市场，鱼目混珠，欺蒙顾客，坐收非法利益。"[1]对于民族特色商标也是如此，像"乌珠穆沁""敖包"等传统商标，在内蒙古地区已是妇孺皆知，且通过企业长期经营，已在民众中享有较高影响力和知名度，是企业赖以发展的无形资产，也是民族文化的重要内容。正是商标使用人基于巨额的经济利益考量，民族特色商标成了他们不正当竞争的有力手段。

---

[1] 曾陈明汝：《商标法原理》，中国人民大学出版社2003年版，第147页。

第五章
完善民族特色商标法律保护建议

第一节 民族特色商标配套立法与制度创新

民族特色商标的法律保护具有双重特性,既是保护商标权人的合法权益,也是保护相关消费者权益。在民族特色商标的法律保护中立法具有引领作用。我国《商标法》《反不正当竞争法》等法律为民族特色商标保护提供基础性法律依据。但是,《商标法》相关配套立法,特别是地方配套立法尚不完善。因此,在民族特色商标法律保护中,首先应完善地方配套立法,更好地实现《商标法》的有效实施。

一、民族特色商标的配套立法路径选择

(一)自治法规与地方性法规的比较

民族自治地方是根据《宪法》和《民族区域自治法》等规定实行区域自治的一个或多个民族聚居的地方。它作为我国一级行政区域,具有双重立法权,即享有一般行政地方立法权的同时享有民族区域自治立法权。民族自治地方行使立法自治权制定的自治法规形式有自治条例、单行条例和变通或补充规定。自治法规与地方性法规都属于配套立法形式,都保证国家法律在各地方的有效实施。两者主要区别在于:

第一，立法主体不同。根据《立法法》第81条的规定，地方性法规的立法主体是各地方人民代表大会及其常务委员会。而根据《立法法》85条的规定，自治法规的立法主体只能是民族自治地方的人民代表大会。

第二，立法权限不同。地方性法规的制定不能与宪法、法律、行政法规相抵触，只能在上位法规定的基础上作出更加具体的规定，不能超越上位法规定的行为种类、幅度和范围，对法律、行政法规不具有立法变通权。[1]而自治法规是民族自治地方的人民代表大会有权依照当地民族的政治、经济和文化的特点制定的，除《宪法》和《民族区域自治法》的规定以及其他有关法律、行政法规专门就民族自治地方所作的规定外，在不违背法律或者行政法规的基本原则的前提下，可以对法律和行政法规的规定作出变通规定。

第三，立法效力不同。地方性法规效力位阶低于自治法规，报经全国人大常委会批准后才生效的自治区的自治法规在我国法律体系中的地位属于必须由全国人大常委会审议通过的这一类法律的范畴。[2]关于单行条例与地方性法规的效力等级关系，从二者制定机关和制定程序上的不同，可以看出单行条例的效力高于地方性法规。[3]

第四，立法程序不同。以自治区为例，其制定地方性法规不需要报请全国人大常委会批准。但是自治区的自治条例和单行条例，需报全国人民代表大会常务委员会批准后生效。自治

---

[1] 张殿军：《民族自治地方法律变通研究》，人民出版社2016年版，第21页。
[2] 参见史筠：《关于制定自治区自治条例的几个问题》，载《民族研究》1993年第6期。
[3] 熊文钊、洪伟：《试论单行条例及其变通规定的制定》，载《西北民族大学学报（哲学社会科学版）》2013年第3期。

州、自治县的自治条例和单行条例,报省、自治区、直辖市的人民代表大会常务委员会批准后生效。

(二) 采取单行条例形式的缘由

从内蒙古自治区商标地方立法现状来讲,主要以地方性法规和政府规章为主,且其司法适用较少。相比之下,自治法规的效力高于地方性法规,具有对法律和行政法规补充规定的优势,可以进一步完善法律及配套法规体系。同时,我国民族自治地方已积累了丰富的自治立法经验。截至2008年,全国各级民族区域自治地方共制定了自治条例139件、单行条例696件和对有关法律的变通或补充规定64件。[1]在自治法规中,自治条例是指由民族自治地方的人民代表大会依照《宪法》和《民族区域自治法》的规定,制定关于本地方实行民族区域自治的基本制度的法律规范性文件,它具有基本性和综合性。[2]单行条例是指民族自治地方的人民代表大会依照《宪法》和《民族区域自治法》的规定,根据本自治地方的民族特点,制定的关于某一方面的具体事项的法律规范性文件,它不是综合性的,而是专门规定具体事项的法律规范性文件。[3]变通规定或补充规定是根据《刑法》等单行法的授权条款进行制定的,对法律进行变通或者补充的自治法规形式。

《商标法》没有规定变通或补充的授权条款,《商标法》在民族地区实施属于某一方面的具体事项。因此,关于民族自治

---

[1] 李景田:《全面贯彻实施民族区域自治法 大力推进民族工作法治化——纪念民族区域自治法颁布实施30周年》,载《中国民族》2014年第11期。
[2] 陈云生:《民族区域自治法——原理与精释》,中国法制出版社2006年版,第236页。
[3] 陈云生:《民族区域自治法——原理与精释》,中国法制出版社2006年版,第236页。

地方对《商标法》实施采取的配套立法形式,单行条例是最适当的选择。

(三)《商标法》在民族地区实施的单行条例的制定

目前,民族自治地方的有关《商标法》以及民族特色商标方面的配套立法比较分散,尚未制定实施《商标法》的专门性配套立法,且这些法规在民族特色商标保护方面的实践作用有限。例如,虽然《内蒙古自治区实施〈中华人民共和国消费者权益保护法〉办法》等地方性法规规定了民族特色商标的语言文字适用规范、民族文化保护等内容,但是由于缺乏可操作性,在司法实践当中并没有得到严格执行。因此,任何立法都必须符合本国国情,我国是统一的多民族国家,民族地区在历史、文化、风俗习惯、语言文字等方面具有特殊情况,国家的法律在民族地区不能完全适用或不适应民族地区实际情况时,民族自治地方可以制定自治法规,对法律进行变通或补充。现实中,国家立法机关也不太可能制定出完全适合于全国各地的法律规范。对此,法哲学家博登海默谈道:"从实际情况看,当今社会仍存在着或可能存在着这种自主立法的飞地,这是因为即使一个拥有大量立法权力的现代国家,也不可能制定出有关每一件事和每个人的法律。"[1]十九大报告明确提出:"完善以宪法为核心的中国特色社会主义法律体系,……推进科学立法、民主立法、依法立法、以良法促进善治,……发挥人大及其常委会在立法工作中的主导作用。"

在单行条例的内容上,根据《立法法》的规定,应注重解释适用和补充丰富《商标法》关于商标保护的法律规则。具体

---

[1] [美] E. 博登海默:《法理学:法律哲学与法律方法》,邓正来译,中国政法大学出版社 2004 年版,第 441 页。

可以从民族传统名号纳入商标在先权保护范围、建立民族特色商标注册与使用的排除范围、建立民族特色商标注册事先知情同意制度等内容着手制定补充性的商标法单行条例，不断完善民族特色商标保护的法律法规体系，为司法实践提供完备的规范依据。

二、民族传统名号纳入商标在先权保护范围

商标在先权制度，是指商标法把依法事先成立的私权确认为在先权利而不对该等权利客体授予商标权的法律规则。[1]《巴黎公约》第6条之（5）（b）部分规定，若商标在被请求给予保护的国家具有侵犯第三人既得权的性质时，该商标应不予注册，也可使已注册者无效；[2]《与贸易有关的知识产权协议》关于在先权利规定为："注册商标的所有人应有专有权来阻止所有第三方未经其同意在交易过程中对与已获商标注册的货物或服务相同或类似的货物或服务使用相同或类似的标记，如果这种使用可能会产生混淆。若对相同货物或服务使用了相同的标记，则应推定为存在混淆的可能。上述权利不应损害任何现有的优先权，也不应影响各成员以使用为基础授予权利的权利。"[3]可以看出《与贸易有关的知识产权协议》中对在先权利的保护是一种制度设计，是对行使商标专用权的一种限制，能够解决已经注册的商标与他人在先权利发生冲突的情形。《日本商标法》关于在先权利的规定为："商标权者、专有使用权者或通常使用权

---

[1] 严永和：《论商标法的创新与传统名号的知识产权保护》，载《法商研究》2006年第4期。

[2] 严永和：《论商标法的创新与传统名号的知识产权保护》，载《法商研究》2006年第4期。

[3] TRIPS Agreement, WTO ｜ intellectual property (TRIPS), https://www.wto.org/english/docs_ e/legal_ e/31bis_ trips_ 01_ e. htm, as amended on 23 January 2017.

者，在指定商品或指定服务上使用注册商标的形态与该商标注册申请日前他人的专利权、实用新型权或外观设计权，或与该商标注册申请日前他人已经产生的著作权相抵触时，不得在指定商品或指定服务中相抵触的部分上，以其形态作为注册商标使用。"[1]与《与贸易有关的知识产权协议》规定的内容比较，日本商标法在先权利的规定操作性比较强。

我国《商标法》对在先权利的保护主要体现在商标确权程序中，商标法关于"注册商标专用权的保护"中的有关规定也可以理解为保护在先商标专用权，我国《商标法》第9条第1款规定："申请注册的商标，应当有显著特征，便于识别，并不得与他人在先取得的合法权利相冲突。"第32条规定："申请商标注册不得损害他人现有的在先权利，也不得以不正当手段抢先注册他人已经使用并有一定影响的商标。"但是，《商标法》中的有关规定仍然存在不足：首先，内容不够全面。《商标法》从本质上保护了商标确权过程中的在先权利，但是缺乏关于专有权与在先权利的商标之间冲突的明确而完整的规定。其次，未列出其他类型的权利。大部分国家商标法中关于在先权利保护列举了类型，容易理解掌握并将其应用于行政和司法实践。我国商标法中关于在先权利的范围不够清晰。

由于传统名号在民族文字商标中的特殊性，对于传统名号的保护尤为重要。结合《商标法》关于在先权利的保护，可以得知我国商标法并未对在先权利进行类型化规定，从而其保护范围不够清晰。将民族传统名号纳入商标在先权利保护范围，排除其作为商标被不合理地使用或注册商标的可能性，从而可以减少民族文字传统名号不合理使用现象。

---

[1]《日本商标法》（1959年），第29条。

三、建立民族特色商标注册与使用的排除范围

商标注册不当的情形在民族地区的民族商标中较为多见，究其原因主要有两点：一是民族特色商标的商标注册申请人的商标意识不强，商标领域的相关知识缺乏，商标相关的法律法规的学习理解不深入，对商标注册申请实务也不够了解，加上领会有限，或者是主观上为了欺骗、不正当竞争而注册商标。这一类在此不做重点阐述，对于这一类型主要根据《商标法》的相关规定，任何单位或个人可以申请撤销；二是因为在商标审查环节，对于民族特色商标领域的在先权利不明确而不具备充足的检索条件形成的，究其原因主要是因为，对民族特色商标中涉及的民族地区的地理标志、地名、传统名号等民族地区显著的特色标志没有形成特殊的保护。在新西兰，如果商标的使用或注册可能对包括毛利人在内的社区的显著部分造成侵犯，商标授予人可以拒绝注册商标。[1]笔者认为可以参考严永和关于对民族传统名号的知识产权保护的论述，将以下民族地区显著特色标志"视为某种特殊符号"，纳入商标注册与使用的排除范围。

（一）县级以上行政区划的地名

地名商标注册一般受严苛限定，根据《商标法》第10条第2款的规定，县级以上的行政区划的地名，禁止作为商标注册。但是在民族地区，以县级以上行政区划的地名注册商标的情形非常多见，第二章通过具体的商标图例做过分析。民族地区的有些地名本身代表一定的传统文化，也可列入民族传统文化符号的行列。商标本身来源于文化符号，因为选择商标就是选择

---

[1] 严永和：《论我国少数民族传统名号的知识产权保护》，载《民族研究》2014年第5期。

那些具有美好意义的符号来构建品牌形象，而所谓臆造商标的设计初衷也是具有一定文化意蕴的，经过使用必定也会彰显企业文化理念进而成为文化符号。[1]地名的关键作用是标明商品或服务项目的自然地理来源，而并不是用来区别不同生产者和经营者。用地名注册商标会导致，一个商标所代表的产品质量，可能会代表地名所代表的全部区域，造成消费者的混淆。

（二）民族地区的地理标志

地理标志作为知识产权的一种无形的存在方式，具有很强的商誉价值，即因其显著性，具有极强的商业吸引力。因产地代表质量的理论，地理标志也如同地名在商标领域非常走俏。民族地区的地理标志因代表该地区的文化、产品特色及产品质量、产地而更具显著性，从而更容易被注册为商标，正因为如此，与民族地区相关的注册商标琳琅满目，难以辨认，导致消费者混淆，影响正常的商标秩序和市场秩序。地理标志注册保护在保护范围、命名、产区划定、规则拟定、标识设计等环节，均欠缺对其背后所蕴藏的独特地域文化资源信息的充分挖掘和合理利用。[2]从商标审查机构的角度，对于民族地方的地理标志未能形成全面认知，忽视地理标志的声誉或知名度，并且由于前述民族文字"图形"审查等原因，很多较知名的地理标志也无形中被注册为商标。作为商标的地理标志，是一种完全意义的民事权利（"私权"），通常由地理标志商标注册人所有。[3]除集体商标、证明商标的使用，为提高地理标志的知名度，注册

---

[1] 张慧春：《商标显著性研究》，知识产权出版社2017年版，第120页。

[2] 孙智：《我国地理标志注册保护：现状、问题及对策——基于贵州省的实证观察》，载《贵州师范大学学报（社会科学版）》2018年第5期。

[3] 林秀芹、孙智：《我国地理标志法律保护的困境及出路》，载《云南师范大学学报（哲学社会科学版）》2020年第1期。

使用的地理标志认定为驰名商标以外,在普通商标领域应排除地理标志注册与使用。

第二节 民族特色商标行政审查程序的优化

商标能否获得注册,商标审查制度起着非常重要的作用。我国的商标审查制度,一直致力于公平、公正地维护绝大多数人的利益,难免受经济发展水平、文化差异等的制约有所偏颇。目前我国商标的审核权限集中在国家商标局,且有民族文字的商标以"图形"审核,不直接甄别其文字含义,也没有说明其含义的要求。换句话说,在民族地区,使用民族文字或将民族文字音读以汉字标注的商标,国家商标局在审查时一般是不知其含义的。它的影响,笔者认为可以从两个方面考虑:一是使用民族文字或将民族文字音读以汉字标注的商标中,可能出现《商标法》第10条第7项、第8项规定的情况,即带有欺骗性,容易使公众对商品的质量等特点或者产地产生误认的情形;有害于社会主义道德风尚或者有其他不良影响的情形。二是易形成《商标法》第31条规定的,在同一种商品或者类似商品上,以相同或近似的商标申请注册的情形,给消费者识别商品或服务形成负担,造成不良的营商环境。

一、建立民族特色商标注册事先知情同意制度

"事先知情同意"这一原则从概念上讲最早来自医学伦理,即病人有权在完全了解某种治疗的利弊之后决定是否接受这种治疗。后来,作为专业伦理和职业操守进入相关领域的许多学科,尤其是那些与人打交道的学科,包括民俗学、人类学和社

会学等平行学科。[1]自 2003 年《保护非物质文化遗产公约》及其《实施〈保护非物质文化遗产公约〉的操作指南》实施以来,"尊重其意愿,使其事先知情并同意"这一原则落实到了具体的行动中。[2]这一制度从起初医学伦理中了解疾病的知情同意到后来沿用于向非物质文化遗产基金申请国际援助时,需要向相关社区递交知情同意证明,以便尊重群体或个人的选择,是一种对权利的尊重。这一制度的优越性在于通过事先的知情同意,保障群体和个人能够保护和管理自身的非物质文化遗产,不过其意义却不限于非物质文化遗产。

民族地区人文环境及自然生态、社会生活方式造就了不同的文化传统和底蕴,这些经长期积累的文化知识形成了天然的显著性,正是这一特性使得民族地区的传统文化及代表这一传统文化的传统知识、地名地貌都无形地被商业化,无形地被一部分人以"合法"权益的形式占为己有,而忽略了它对传统族群、群体的商业利益。越来越多的外部社会市场主体对此类传统文化符号进行不正当利用,利用传统文化符号所承载的商誉。这种不当利用可以归纳为:一是将少数民族的民族族名注册为商标,如"蒙郭勒",此类民族特色商标虽具备了民族特色商标的构成要素,但却违背了商标法的宗旨,具有欺骗性,不利于对民族特色商标的保护,正如形形色色的"蒙格乐""蒙高勒"等在商标领域出现,形成商标混乱。二是民族传统文化符号注册为商标,且申请注册人并不来源于该群体。三是传统文化符号在相同或相类似的商标注册,导致消费者的混淆。这类现象

---

〔1〕 朝戈金:《联合国教科文组织〈保护非物质文化遗产伦理原则〉:绎读与评骘》,载《内蒙古社会科学(汉文版)》2016 年第 5 期。
〔2〕 朝戈金:《联合国教科文组织〈保护非物质文化遗产伦理原则〉:绎读与评骘》,载《内蒙古社会科学(汉文版)》2016 年第 5 期。

造成民族地区的商标混乱，不利于商标权的保护，成了民族特色商标法律保护的困扰因素。

建立事先知情同意制度，可以承认民族群体对其传统文化、传统知识、地理标志、传统名号、非物质文化遗产等代表性的传统文化符号具有控制权，当用这些元素申请商标时，事先征得群体的同意并协商利益分享等事宜，可以有效避免外部市场主体先行注册形成的利益独占，也可以间接有效地保护民族传统文化符号，并且能够实现事先获得同意之后的外部市场主体的共享。在具体运行上，将民族群体的代表机构或群众性自治组织等出具事先同意的证明作为注册条件，形成地方工商管理部门及代理机构等的共鸣，信息共享，合力共建，实现民族传统文化符号在商标中的合理使用。

二、凸显民族特色商标中的民族要素审查

商标权作为一项民事权利，能为权利人所有，取决于商标权的取得。在我国商标须经注册而取得，而商标申请能否获得注册取决于商标审查机关的审查。商标审查制度是商标确权中不可缺少的一项制度。它是商标主管机关依据《商标法》的相关规定，对商标注册申请条件进行审查，并对符合注册条件的注册申请予以注册的法律行为。由于民族地区民族特色商标的特殊性，在对商标申请注册条件进行审核时，应着重考虑其特殊性，对于特殊类型特殊对待，从而保障民族特色商标能够获得全方位的保护。

（一）民族地区民族特色商标构成要素的特殊性

第一，源于民族文字。因商标构成要素中的民族文字在审查环节中以"图形"审查，民族文字的不识别成了民族文字商

标的保护困境成因之一。此类民族文字要素使用情况，通过前述具体商标分析，我们归纳了两种类型：其一是直接使用蒙古文字作为商标要素，它的表现方式单一，在审查环节以"图形"审查，对蒙古文字部分不做识别，所代表的含义自然也不得而知，这一类型可以通过在形式审查环节要求附蒙古文字部分的说明而得以改善，另外，在形式审查时附说明的要求，对商标注册人也起到一定的约束作用。其二是商标文字是汉文字，但其是对蒙古语的汉字音读标注，即看似无具体含义的文字，在民族地区却有实际含义，如"蒙郭乐"为蒙古族族名等，看似简单的文字背后，具有一定的文化内涵。

第二，传统名号在商标中不合理地使用。此类情形的特殊性并不完全源于文字，当然也有一部分是出于对民族文字的不识别，而对其背后所代表的传统文化不识别而形成的。此类情况可以通过对涉民族文字部分附说明的方式得以解决。至于是否能够全部解决，还要结合实务中对说明的要求，如要求增加一些涉及传统名号、非物质文化遗产等领域的标志，应提供更详细的说明材料等。关于此类情况在后面结合事先知情同意制度，再做分解。另一部分是对传统名号的不识别，前述列举的传统名号不合理使用的部分，其商标图案的组成都是以文字商标作为实例，如"敖包"（图2-19）、"蒙郭乐"（图2-23）"成吉思汗"（图3-19）（图2-20）等。这一类型商标的审查需要对传统文化加以识别。在这一领域可以将传统名号列入《商标法》的在先权范围，通过在先权利予以保护。

第三，非物质文化遗产的表现形式相同，既有蒙古文字要素，也有文字与图形结合。所区别的是上述表述中涉及的这些非物质文化遗产已录入《非物质文化遗产名录》，将其作为商标的在先权利予以保护，相对于传统名号较为简便。

（二）民族特色商标审查维度的创新

民族特色商标在进行审查时，对于涉及民族地区的民族特色商标，即在商标构成要素中涉及民族文字要素的，可以要求说明含义，如《商标法实施条例》第13条第7款规定："商标为外文或者包含外文的，应当说明含义。"结合这一条款的用意，在实务中，当涉及民族文字时，也可以要求附送该文字部分的说明，作为商标形式审查的必备要件之一，这有利于对此类民族特色商标的检查、检索以及分析对比，并在此基础上，经调查研究作出对商标的初步审定。

商标审查机关对形式审查已经合格的，申请注册的民族特色商标标记的实质要件的审查涉及两部分：一是商标注册的实质性要件的审查，包括绝对要件和相对要件的审查。绝对要件包括民族特色商标的显著性要件，以及符合社会对公序良俗等的要求。相对要件则是指申请取得的民族特色商标的商标专用权是否与在先权利冲突的要件。二是商标审查机关对申请注册为民族特色商标的标记是否具备绝对要件和相对要件的审查。在绝对要件的审查，因民族文字的"图形"审查，无法识别有些民族特色商标是否具备显著性。

民族特色商标的蒙古文字要素的"图形"审查具有一定的局限性。相对要件的审查因我国商标法中对在先权利的范围不明确，民族特色商标中较多涉及的民族传统名号或非物质文化遗产等并未明确列入在先权利，从而没能够体现实质性审查的优越性。所以在民族商标的实质审查部分增加对民族传统名号、非物质文化遗产等的审查是非常必要的，可以避免民族传统名号等在商标中的不合理使用。

三、加强民族地方行政部门的监督力度

增加民族文字商标预审查制度，可以通过本地区工商行政管理部门的预先审核，对带有民族文字元素的商标进行预先审核，甄别其文字含义是否符合《商标法》第10条规定的要求，将问题在地区解决，避免出现有害于社会主义道德风尚或者有其他不良影响的或带有欺骗性，容易使公众对商品的质量等特点或者产地产生误认的商标出现，减轻国家商标局的审核压力，优化营商环境，维护经济秩序。商标使用人经商标注册而取得商标使用权，商标注册是取得商标专用权的前提条件，只有经标准注册的商标才受法律保护。商标审查是商标注册中的重要环节。根据我国商标法的规定，商标审查权限属于国家商标局，而地方工商行政管理部门并没有商标审查权限，而是组织监督管理商标注册工作，负责著名商标的认定，查处商标侵权行为，负责监督管理商标印制，管理商标代理机构和商标评估机构并指导其工作。对于地方工商管理部门而言，更多的是提供服务和监督管理。

第一，基于民族地区的民族文字商标的特殊性，建议民族地方的工商行政管理部门在其提供服务和监督管理的职责范围内，增加对民族文字商标的预先审查，即商标申请注册的前期检索分析。对于商标申请注册的前期检索分析，有些地方工商行政管理部门也在做，也提供较详细的检索服务，尤其针对民族地区的数字信息化程度低的实际情况，提供相应的检索服务，但此类检索分析停留在服务层面并未能上升为职责，所以没有形成广泛的筛查。当然这里也有一种情况是商标申请不经过工商行政管理部门而是直接经过商标代理机构进行申请注册，所

以全面把控确实有一定的难度。经笔者电话询问了解的比例来看60%的申请人是通过工商行政管理部门申请注册的，在民族地方个人申请注册的比例相对较高，而公司申请注册商标都是经商标代理机构进行的。

第二，商标本身的特殊性在于一经注册，不能因商标持有人意愿而随意改动，依据《商标法》第49条的规定，自行改变注册商标或其他注册事项的，由地方工商行政管理部门责令限期改正；期满不改正的，由商标局撤销其注册商标。在民族地区的民族文字商标当中，蒙古文字使用错误、缺乏显著性、传统名号及非物质文化遗产不合理使用等情形频发，由于已注册商标不能自行改变注册事项，商标持有人迫于程序的烦琐，即使知道自己注册的商标中存在以上问题也不会通过法定程序予以纠正。工商行政管理部门也没有更多地行使监督管理职责，对此类蒙古文字使用错误、缺乏显著性或长期闲置的商标，未向商标局申请撤销该注册商标，导致这类商标一直流通于市场，扰乱商标秩序。工商行政管理部门的"事后"监督和纠正对于民族商标的保护与发展有着非常重要的现实意义。

第三，商标代理机构的前期检索。《商标法实施条例》第84条第1款的规定："商标法所称商标代理机构，包括经工商行政管理部门登记从事商标代理业务的服务机构和从事商标代理业务的律师事务所。"商标代理机构主要是从事商标代理业务的服务机构。依据《商标法实施条例》第85条的规定，商标代理从业人员是在商标代理机构中从事商标代理业务的工作人员，根据商标法的规定，商标代理从业人员不得以个人名义自行接受委托。结合民族地区民族特色商标的特殊性，地方工商行政管理部门通过加强对商标代理机构监督和管理的同时也应加强与商标代理机构的交流与协作，要求商标代理机构重视对民族传统名号等的检索筛查，并做到信息共享。

在民族地区的民族文字商标中，通过商标代理机构申请注册商标的形式比较多见。笔者走访了具备通晓民族通用语言工作人员条件的几家商标代理机构。"据了解，从商标代理机构的角度，对所代理的商标会做前期检索分析，但商标中如果涉及蒙古文字，检索相对比较困难。从传统名号的角度，很难知晓是否属于民族传统名号等。"一位商标代理人员如是说。所以，对于商标代理机构，各地方工商行政管理部门应加强监督的力度和广度，形成合力，建立地方的民族传统名号数据库，形成上下联动、信息共享，增加民族传统名号的认知度，避免民族传统名号在商标中的不合理使用。

第三节 民族特色商标侵权的司法重构

一、民族特色商标使用行为的认定

民族特色商标的商标侵权在诉讼实务中的特殊性在于除商标侵权认定的一般规则外，应该考量民族特色要素在商标中所代表的含义，主要包括民族文字的含义、民族地区地名、传统名号以及对民族非物质文化遗产等的认知，同时应注重民族特色商标自身的正当性。商标侵权人的侵权行为是否构成商标侵权，主要是判断商标侵权人的侵权行为是否具备了商标法中规定的商标侵权行为构成要件。其次是商标侵权人的使用是否合理，即所持商标是否能够识别商品或者服务的来源，商标使用是商标侵权认定的前提条件，商标侵权判定遵从"商标使用+相似性+混淆可能性"的判断路径。[1]其次是以合理使用进行抗辩,如果抗辩成立则不构成商标侵权行为,抗辩不成立则构成商标侵权行为。商标使用是商标法中最基础、最核心的概念,[2]商标使用的本质应界定为"来源识别意义的使用"[3]。2002年《商标法实施条例》第3条将商标的使用界定为"将商标用于商品、商品包装或者容器以及商品交易文书上,或者将商标用于广告宣传、展览以及其他商业活动中"[4]。2013年《商标法》予以修正,将原来《商标法实施条例》中关于商标使用的规定纳入到了该法第48条,并增加了"用于识别商品来源的行为"[5]。2019年的《商标法》仍然沿用2013年《商标法》第48条的规定。商标使用的认定标准应当界定为,商标实际使用于商业活动中并且用于识别商品或者服务的来源。商标侵权人的行为是否构成商标使用行为是注册商标侵权纠纷案件应厘清的核心问题之一。在民族地区由于商标意识相对淡薄,商标的实际使用并不理想,很多商标虽已申请注册,但商标并未实际使用在商品上。例如在胡某诉内蒙古蒙科立软件有限责任公司商标侵权纠纷案中,上诉人胡某享有的组合注册商标" "未实际使用,相关公众不会产生该商标与其核定使用的第42类服务项目

---

[1] 朱晓睿:《商标侵权中"商标使用"的认定》,载《知识产权》2017年第11期。

[2] 金多才:《我国商标侵权行为民事司法认定的依据及其适用》,载《河南科技》2019年第12期。

[3] 刘铁光:《〈商标法〉中"商标使用"制度体系的解释、检讨与改造》,载《法学》2017年第5期。

[4] 2002年《商标法实施条例》第3条的规定,2013年已将此内容规定在《商标法》中。

[5] 2013年《商标法》第48条的规定,2019年修正的《商标法》中,该条款无变化。

相联系的一般认识,更无证据证实该商标经使用后商标组成要素之一的蒙古文"彡彳"已经在相关公众中产生显著的识别性,并成为该商标的主要部分的事实。所以在该案中"彡"与"彡彳"的蒙古文字部分的含义虽然完全相同,但因为"彡"商标未实际使用,而失去了在相关公众当中的识别力。

二、民族文字商标侵权的认定

商标是消费者识别商品的重要标志,承载着消费者对于商品及其企业的信誉。民族语言文字在作为商标要素时,可以民族文字本身或者汉字音标的形式展现,但对于民族地区相关的消费者而言,更多的是以语言文字蕴含的真实含义作为识别标准,由此对以不同形式使用民族语言文字的商品产生混淆。商标申请人与审查机关要重视语言文字之于当地民族的特殊内涵、使用习惯。在民族地区,商标申请人(设计人)会充分考虑民族地区特殊的消费群体的消费习惯及消费心理、消费选择等因素,在商标中融入具有民族特色的、体现产品地方特点的、体现产品独特个性的元素,所以选择当地民族文字作为最直观的表达,这一文字的传意效果是经营者所重视的,即注重文字背后所表达的含义。如"ᠡᠵᠢ""额吉"为母亲,一般将其用于奶制品、酸奶、茶等商品作为商标使用,寓意妈妈的味道,或用于民族服饰、手工制作等寓意妈妈的手艺等。在商标侵权的司法认定中,对民族文字的含义的识别,对于此类在相同或近似的商品或服务上使用相同的民族文字[1]以及使用读音近似的以

---

[1] 主要是指商标中直接使用民族文字的类型,这类商标在审查时以"图形"审查,不识别其含义。

汉字标注的民族文字[1]的商标侵权的认定，具有很好的实际意义。

三、民族特定符号商标侵权的认定

特定文化符号是在某一文化类型中具有特定文化与精神内涵的名称、语词、标记、符号等，如传统部族族名、文化类型名、圣人姓名、圣址名称、讳言忌语、特定信仰仪式的表达形式等。[2]在科尔沁右翼中旗图什业图王府服饰刺绣有限责任公司与国家知识产权局商标申请驳回复审行政纠纷中，涉案的两个商标均使用了"图什业图"这一地名，但在被诉决定以及本案审理过程中都未提及。再例如"成吉思汗""忽必烈""元上都""安带舞""那达慕"等民族特色的特定符号都已注册商标，且所代表的商品和服务相同或近似；商标近似，相关消费者无法识别，识别成本较高。此类现象在司法实务中较为普遍。最高人民法院《关于审理商标民事纠纷案件适用法律若干问题的解释》第9条第2款规定："……商标近似，是指被控侵权的商标与原告的注册商标相比较，其文字的字形、读音、含义或者图形的构图及颜色，或者其各要素组合后的整体结构相似，或者其立体形状、颜色组合近似，易使相关公众对商品的来源产生误认或者认为其来源与原告注册商标的商品有特定的联系。"第10条则对认定原则予以列举。对于民族地区民族特色商标近似认定中，依据最高人民法院《关于审理商标民事纠纷

---

〔1〕 主要是指商标中并没有直接使用民族文字，而是将民族文字的读音用汉字标注，从汉字的组合上也分辨不出所代表的含义。如"策格"为马奶之意，蒙语读音为"cege"；"艾日格"为酸奶之意，蒙语读音为"airag"。

〔2〕 严永和：《论商标法的创新与传统名号的知识产权保护》，载《法商研究》2006年第4期。

案件适用法律若干问题的解释》中关于商标近似认定原则，应注重结合当地民族特色要素加以考量。

首先，以相关公众的一般注意力为标准予以认定[1]。民族地区的民族特色商标中对民族特定符号的使用频率很高，在前文中所分析的"成吉思汗""那达慕""安代舞""元上都""敖包"等都属于这一类型的使用，一部分直接以蒙古文字标注，另一部分以汉字标注读音，含义都相同，从而导致消费者难以识别商品和服务的来源。对这一类的民族特色商标侵权的认定，应以相关消费群体的一般注意力为标准，判断侵权认定中的特定文化符号是否构成近似、误导消费者或构成商标侵权。

其次，既要进行商标的整体比对，又要进行对商标主要部分的比对，比对应当在比对对象隔离的状态下分别进行。[2]民族特色商标的构成较为多样，有纯文字要素商标（包括民族文字和汉文字），有单一的图形、图腾商标，也有文字图形组合商标。对于单一的文字或图形、图腾商标进行对比相对比较容易，但这一类型中最主要的是民族文字含义的识别；对于文字图形组合的商标，应进行整体的比对，还要进行主要部分的比对，比对时应当在比对对象隔离的状态下分别进行，从而避免主要组成部分的近似而构成侵权。

最后，判断商标是否近似，应当考虑请求保护注册商标的显著性和知名度。[3]民族特色商标保护中存在的一个主要问题

---

〔1〕 最高人民法院《关于审理商标民事纠纷案件适用法律若干问题的解释》第10条第1项。

〔2〕 最高人民法院《关于审理商标民事纠纷案件适用法律若干问题的解释》第10条第2项。

〔3〕 最高人民法院《关于审理商标民事纠纷案件适用法律若干问题的解释》第10条第3项。

是缺乏显著性的问题。在民族地区对于商标构成要素的选择随意性比较大,并且因为民族特色商标乱象的隐蔽性,缺乏显著性并没有成为民族特色商标保护中的一个问题。例如"艾日格"(酸奶)"ᠠᠷᠤ"(质量)"ᠬᠤᠷᠤᠳ"(肉饼)"策格"(马奶)等均为商品的通用名称,再例如"零四七九"为电话区号等,明显缺乏显著性,在判断此类商标是否近似时,应当考虑请求保护注册商标的显著性和知名度。

结 语

习近平总书记强调,创新是引领发展的第一动力,保护知识产权就是保护创新。对商标的法律保护关系国家治理体系和治理能力现代化,也是我国知识产权保护体系中的重要内容。民族特色商标是我国多民族国家知识产权体系中的璀璨明珠,其融入了民族地区所特有的传统习俗、语言文字、生活方式等元素,与民族文化密不可分,具有独特的商业价值和文化内涵。长期以来,在我国知识产权相关法律的规范下,民族特色商标无论在实体还是程序上都获得了法律的肯定和保护。与此同时,民族特色商标由于适用范围、地域文化等方面局限,并未获得理论界的普遍关注。民族特色商标融合了民族地区独特的传统文化,不同地区在商标注册、审查、监管等方面存在较大的差异,也造成了民族特色商标在识别、适用、法律保护等方面较为混乱,一定程度上影响了民族之间的贸易往来,不利于民族地区的经济发展。缘于此,本书通过长期的实地调研、走访访谈、电话访问等形式,对民族地区的民族特色商标进行收集、整理并归纳其样态,界定民族特色商标的概念范畴,提出保护民族特色商标的价值意义。梳理和分析民族特色商标法律保护中的困境成因,提出了民族特色商标法律保护建议。

本书主要有以下基本观点:

1. 民族特色商标是民族地区特有的商标类型,蕴含了丰富的民族文化内容,是集民族文字、民族符合、图形和民族名号等众多内容的民族文化代表,对其保护需要包含民族语言文字、民族传统名号、民族地理标志和非物质文化遗产等方面。

2. 民族特色商标在民族地区没有得到有效保护,民族群众的商标保护意识较差。民族特色商标在民族地区并未得到应有的重视,包括商标从业人员在内也仅是把它作为一般商标来对待,这就造成了民族特色商标法律保护的严重缺失。

3. 我国商标法律因为没有特别对民族文字要素进行必要保护,造成实践中审查机关对民族文字的商标申请以图形形式予以审查,导致在民族地区因民族文字的含义使消费者误认而产生混淆,甚至导致侵权。

4. 民族文字在商标注册方面存在一定的局限性,民族地区又缺乏必要的立法保障,加之商标使用主体的经济利益驱动,造成民族特色商标使用乱象和侵权现象频发。

5. 对民族特色商标的法律保护,不仅需要重视地方性配套立法,也需要在商标注册审查方面更新制度,创设单独的审查路径,同时加强司法中商标侵权的认定工作,才能促进民族特色商标的健康发展。

从本书研究的深度和广度来看,还较为浅显,对民族地区特殊性的把握上可能还存在不足,民族特色商标法律保护建议中可能还存在疏漏,笔者将会在日后的学习、研究过程中继续探索,具体研究主要从以下三个方面展开:一是加强对民族特色商标相关理论的学习,深入分析其内在的法理逻辑,探索其背后的民族文化权利和理论支撑;二是广泛深入调研,获取一手资料。加强对民族地区的调研,通过走访、座谈、问卷等形式,全方位了解民族特色商标在立法、执法和司法中存在的问题，分析其理论和社会原因；三是从民族学的视角分析民族特色商标的文化价值，尤其是与民族文化遗产保护结合起来，全方位对民族特色商标进行有效保护，促进民族地区经济社会健康良性发展。

参考文献

一、中文类

（一）著作类

[1] 敖仁其等：《牧区制度与政策研究——以草原畜牧业生产方式变迁为主线》，内蒙古教育出版社 2009 年版。

[2] 额斯日格仓、包·赛吉拉夫：《蒙古族商业发展史》，哈斯木仁等译，辽宁民族出版社 2007 年版。

[3] 董葆霖：《商标法律详解》，中国工商出版社 2004 年版。

[4] 高永久等编著：《民族学概论》，南开大学出版社 2009 年版。

[5] 管育鹰：《知识产权视野中的民间文艺保护》，法律出版社 2006 年版。

[6] 郭友旭：《语言权利的法理》，云南大学出版社 2010 年版。

[7] 韩小兵：《中国少数民族非物质文化遗产法律保护基本问题研究》，中央民族大学出版社 2011 年版。

[8] 黄晖：《驰名商标和著名商标的法律保护》，法律出版社 2001 年版。

[9] 黄晖：《商标法》，法律出版社 2015 年版。

[10] 孔祥俊：《反不正当竞争法新原理》，法律出版社 2019 年版。

[11] 孔祥俊：《商标法适用的基本问题》，中国法制出版社 2012 年版。

[12] 孔祥俊：《商标与不正当竞争法：原理和判例》，法律出版社 2009 年版。

[13] 李扬：《商标法基本原理》，法律出版社 2018 年版。

[14] 李明德：《美国知识产权法》，法律出版社 2014 年版。

[15] 李琛：《论知识产权法的体系化》，北京大学出版社 2005 年版。

[16] 李林等主编：《少数人的权利》，社会科学文献出版社2010年版。

[17] 林耀华主编：《民族学通论》，中央民族大学出版社1997年版。

[18] 黄海峰：《知识产权的话语与现实：版权、专利与商标史论》，华中科技大学出版社2010年版。

[19] 刘红婴：《语言法导论》，中国法制出版社2006年版。

[20] 陆平辉：《散居少数民族权利保障：理论、制度与对策》，法律出版社2016年版。

[21] 卢士樵、李萍：《文字学原理》，东北师范大学出版社2013年版。

[22] 孟庆法、冯义高编著：《美国专利及商标保护》，专利文献出版社1992年版。

[23] 敏塔敏吉：《文化适应与社会变迁——墨江哈尼族卡多支系文化实证》，云南美术出版社2014年版。

[24] 彭学龙：《商标法的符号学分析》，法律出版社2007年版。

[25] 朋·乌恩：《蒙古族文化研究》，内蒙古教育出版社2007年版。

[26] 双宝、乌仁塔娜主编：《内蒙古社会建设与牧区社会问题研究》，远方出版社2015年版。

[27] 田艳主编：《民族文化补偿论》，中央民族大学出版社2014年版。

[28] 田艳：《少数民族非物质文化遗产传承人法律保护研究》，中央民族大学出版社2017年版。

[29] 汪泽：《中国商标法律现代化——理论、制度与实践》，中国工商出版社2017年版。

[30] 王迁：《知识产权法教程》（第6版），中国人民大学出版社2019年版。

[31] 吴双全：《少数人权利的国际保护》，中国社会科学出版社2010年版。

[32] 熊文钊主编：《民族法制体系的建构》，中央民族大学出版社2012年版。

[33] 严永和：《论传统知识的知识产权保护》，法律出版社2006年版。

[34] 许宪隆主编：《民族文化发展与保护研究》，民族出版社2007年版。

[35] 杨雅妮:《少数民族权利救济机制研究》,中国社会科学出版社 2014 年版。

[36] 杨强:《蒙古族法律传统与近代转型》,中国政法大学出版社 2013 年版。

[37] 姚鹤徽:《商标混淆可能性研究》,知识产权出版社 2015 年版。

[38] 姚鹤徽:《商标法基本问题研究》,知识产权出版社 2015 年版。

[39] 余俊:《商标法律进化论》,华中科技大学出版社 2011 年版。

[40] 赵小锁主编:《民族地区司法制度中的少数民族权益保障》,中央民族大学出版社 2009 年版。

[41] 张慧春:《商标显著性研究》,知识产权出版社 2016 年版。

[42] 张惠彬:《商标财产化研究》,知识产权出版社 2017 年版。

[43] 张功:《法学研究的理论与方法》,中国政法大学出版社 2016 年版。

[44] 张今:《知识产权新视野》,中国政法大学出版社 2000 年版。

[45] 周少青:《权利的价值理念之维——以少数群体保护为例》,中国社会科学出版社 2016 年版。

[46] [英] 大卫·赫斯蒙德夫:《文化产业》,张菲娜译,中国人民大学出版社 2016 年版。

[47] [美] 罗纳德·H. 科斯:《财产权利与制度变迁》,刘守英等译,格致出版社、上海三联书店、上海人民出版社 2014 年版。

[48] [比] 马可·马尔蒂尼埃罗:《多元文化与民主——公民身份、多样性与社会公正》,尹明明、王鸣凤译,社会科学文献出版社 2015 年版。

[49] [加] 威尔·金里卡:《多元文化的公民权——一种有关少数族群权利的自由主义理论》,杨立峰译,上海译文出版社 2009 年版。

[50] [日] 田村善之:《日本知识产权法》,周超等译,知识产权出版社 2011 年版。

(二) 期刊类

[1] 敖惠:《民族文化知识产权保护解析——以水族马尾绣为例》,载《贵州民族研究》2018 年第 6 期。

［2］边洁英：《少数民族特色产品的品牌化建设研究——基于国际贸易视角》，载《贵州民族研究》2015 年第 6 期。

［3］朝戈金：《联合国教科文组织——保护非物质文化遗产伦理原则：绎读与评骘》，载《内蒙古社会科学（汉文版）》2016 年第 5 期。

［4］陈志平：《国际法视野下少数人语言权利保护研究》，载《云南大学学报（社会科学版）》2019 年第 4 期。

［5］崔静静、王乾宇：《民族地区智库引领创新驱动》，载《克拉玛依学刊》2017 年第 1 期。

［6］邓宏光：《美国联邦商标反淡化法的制定与修正》，载《电子知识产权》2007 年第 2 期。

［7］丁宇峰：《民族地区知识产权保护的地方立法探索》，载《贵州民族研究》2016 年第 10 期。

［8］杜颖：《〈商标法〉第四次修改的问题面向与基本思路》，载《中国发明与专利》2018 年第 8 期。

［9］冯晓青、郭珊：《商标叙述性合理使用制度研究》，载《邵阳学院学报（社会科学版）》2020 年第 4 期。

［10］冯晓青：《我国少数民族非物质文化遗产保护的知识产权法因应——以内蒙古等少数民族地区为主要考察对象》，载《邵阳学院学报（社会科学版）》2015 年第 1 期。

［11］冯术杰：《未注册商标的权利产生机制与保护模式》，载《法学》2013 年第 7 期。

［12］符颖、冯晓青：《论传统知识寻求知识产权保护的正当性》，载《湘潭大学学报（哲学社会科学版）》2005 年第 2 期。

［13］高国忠、张董董：《论少数民族传统文化知识产权保护》，载《山西农经》2017 年第 4 期。

［14］关图雅：《牌匾的蒙古文翻译及蒙古语使用中存在的问题》（蒙古语），载《中国蒙古学》2012 年第 5 期。

［15］黄河、杨春梅：《内蒙古文化生态旅游中少数民族民俗的保护》，载《呼伦贝尔学院学报》2018 年第 5 期。

[16] 黄栓成、史艳英：《蒙古族非物质文化遗产知识产权法律保护》，载《前沿》2011 年第 5 期。

[17] 黄晓梅：《浅议蒙古族非物质文化遗产知识产权的保护》，载《科技风》2017 年第 8 期。

[18] 惠梦韬：《商标权的保护分析》，载《法制博览》2021 年第 4 期。

[19] 侯强：《近代中国商标立法的特征及其社会效应》，载《中国矿业大学学报（社会科学版）》2009 年第 1 期。

[20] 金玲：《商标蒙古语翻译的规则与方法》（蒙古语），载《中国蒙古学》2016 年第 2 期。

[21] 雷振扬、夏威华：《威尔·金里卡的少数群体权利思想探析》，载《中南民族大学学报（人文社会科学版）》2012 年第 4 期。

[22] 李琛：《论〈民法总则〉知识产权条款中的"专有"》，载《知识产权》2017 年第 5 期。

[23] 李易航：《社会规划理论 对我国著作权合理使用制度的启示》，载《中国版权》2015 年第 2 期。

[24] 李明德：《商标注册在商标保护中的地位与作用》，载《知识产权》2014 年第 5 期。

[25] 李曦辉：《基于铸牢中华民族共同体意识的少数民族经济发展研究》，载《中央民族大学学报（哲学社会科学版）》2020 年第 5 期。

[26] 李曦辉：《全球化中国版之"一带一路"支撑理论研究——兼论民族经济学的时代价值》，载《区域经济评论》2017 年第 6 期。

[27] 李贵：《民族文字商标：商品的文化烙印》，载《中国民族报》2007 年 4 月 24 日。

[28] 刘宇、潘文涛、石晓东：《蒙古国知识产权制度分析》，载《知识产权》2012 年第 8 期。

[29] 林秀芹、孙智：《我国地理标志法律保护的困境及出路》，载《云南师范大学学报（哲学社会科学版）》2020 年第 1 期。

[30] 刘丽娟：《探析〈反不正当竞争法（修订草案送审稿）〉——兼论反不正当竞争法对商标的保护》，载《电子知识产权》2016 年第

6 期。

[31] 刘铁光：《〈商标法〉中"商标使用"制度体系的解释、检讨与改造》，载《法学》2017 年第 5 期。

[32] 卢敏：《中国少数民族地区经济发展现状及对策研究》，载《现代经济信息》2020 年第 4 期。

[33] 卢海君：《商标权客体新论——反不正当竞争法视野下的商标法》，载《知识产权》2016 年第 11 期。

[34] 罗静：《少数民族产品地理标志的法律保护研究》，载《品牌研究》2018 年第 4 期。

[35] 陆平辉、李莉：《散居少数民族权利研究述评》，载《云南大学学报（法学版）》2011 年第 3 期。

[36] 罗康隆：《民族经济活动的文化环境分析》，载《怀化学院学报（社会科学）》2004 年第 1 期。

[37] 马丽萍：《我国商标权注册取得模式存在的问题及其完善路径——基于商标使用视角的分析》，载《时代法学》2019 年第 6 期。

[38] 那仁朝格图：《古代蒙古族社会规范考述》，载《内蒙古师范大学学报（哲学社会科学版）》2010 年第 1 期。

[39] 宁立志、徐升权：《我国商业标识权保护立法的现状与完善》，载《中国工商管理研究》2012 年第 5 期。

[40] 司马俊莲：《中国少数民族文化权利法律保护的特点及完善》，载《人权》2016 年第 6 期。

[41] 孙军：《威尔·金里卡少数群体集体权利思想述析》，载《大连海事大学学报（社会科学版）》2017 年第 2 期。

[42] 孙智：《我国地理标志注册保护：现状、问题及对策——基于贵州省的实证观察》，载《贵州师范大学学报（社会科学版）》2018 年第 5 期。

[43] 王素娟：《我国未注册商标法律保护制度解析》，载《技术与市场》2016 年第 7 期。

[44] 王莲峰：《我国商业标识立法体系的模式选择基于我国〈商标法〉第

三次修改的思考》,载《华东政法大学学报》2009 年第 5 期。

[45] 王莲峰:《商业标识立法保护的新发展》,载《重庆邮电大学学报(社会科学版)》2014 年第 6 期。

[46] 乌仁其其格、那仁朝格图:《蒙古族祭火习俗的田野考察——以鄂尔多斯市乌审旗乌兰陶勒盖镇为例》,载《内蒙古大学艺术学院学报》2014 年第 3 期。

[47] 吴璇欧:《少数人权利保护的法理思考——以宪法为视角》,载《河北北方学院学报(社会科学版)》2016 年第 6 期。

[48] 吴蔼怡:《论商标反向混淆的认定及法律规制——以"非诚勿扰"案为视角》,载《北京政法职业学院学报》2019 年第 4 期。

[49] 文永辉:《论贵州民族特色旅游商品的商标权保护》,载《贵州社会科学》2013 年第 6 期。

[50] 魏江丽:《商标审查质量分析制度的建立与完善》,载《中华商标》2016 年第 2 期。

[51] 徐家力:《少数民族特色产品的品牌化建设研究——基于国际贸易视角》,载《贵州民族研究》2015 年第 6 期。

[52] 徐家力:《少数民族文化知识产权保护立法研究》,载《贵州民族学院》2017 年第 8 期。

[53] 徐淑芳:《商标与民族文化》,载《华夏文化》1998 年第 3 期。

[54] 严庆、于浩宇、谭野:《少数人权利保护:联合国视域中的民族事务定位及其作为》,载《贵州民族学研究》2019 年第 10 期。

[55] 杨解君、蒋都都:《我国非通用语言文字立法的宪治考量》,载《中国地质大学学报(社会科学版)》2017 年第 4 期。

[56] 严永和:《论商标法的创新与传统名号的知识产权保护》,载《法商研究》2006 年第 4 期。

[57] 严永和:《论我国少数民族传统名号的知识产权保护》,载《民族研究》2014 年第 5 期。

[58] 严永和:《非物质文化遗产知识产权保护个案研究——以安顺地戏为例》,载《文化遗产》2014 年第 2 期。

[59] 严永和:《我国反假冒制度的创新与传统名号的知识产权保护》,载《法商研究》2015年第2期。

[60] 姚鹤徽、申雅栋:《商标本质的心理学分析》,载《河南师范大学学报(哲学社会科学版)》2012年第4期。

[61] 余澜、皮林《少数民族老字号法律保护问题探析》,载《湖北民族学院学报(哲学社会科学版)》2012年第3期。

[62] 喻军:《驰名商标淡化的法律规制》,载《广西社会科学》2005年第10期。

[63] 张华飞:《北欧少数人权利的司法保护——以萨米人为例》,载《法制博览》2017年第15期。

[64] 张慧:《民族文化符号的记忆、想象与转换——"魅力湘西"的语言符号解读》,载《湖北民族大学学报(哲学社会科学版)》2021年第2期。

[65] 张莉:《商标淡化理论的法理基础及运用》,载《华侨大学学报(哲学社会科学版)》2003年第4期。

[66] 张星:《少数民族传统知识权利的内涵与保护模式研究》,载《贵州师范大学学报(社会科学版)》2018年第1期。

[67] 吴懿伦:《基于网络环境下商标权法律保护研究》,载《区域治理》2020年第21期。

[68] 郑灵珍、范盛銮:《音译与意译在商标翻译中的妙用和误用》,载《教资料》2015年第28期。

[69] 郑珏:《知识产权滥用及其法律规制》,载《法制与社会》2018年第34期。

[70] 郑颖捷、王瑞龙:《论少数民族传统知识的知识产权法保护》,载《中南民族大学学报(人文社会科学报)》2010年第3期。

[71] 朱晓茜:《民国商标的文化性探析》,载《戏剧之家》2019年第35期。

[72] 朱晓睿:《商标侵权中"商标使用"的认定》,载《知识产权》2017年第11期。

(三) 学位论文

[1] 陈志诚:《传统知识法律保护》,中国政法大学2009年博士学位论文。
[2] 曹琳:《地理标志产品的品牌化机制与策略研究报纸》,山东大学2012年博士学位论文。
[3] 曹佳音:《侵害商标权行为认定中的混淆可能性研究》,中央财经大学2017年博士学位论文。
[4] 党晓林:《商标权注册取得制度研究》,中国政法大学2019年博士学位论文。
[5] 郭友旭:《语言权利和少数民族语言权利保障研究》,中央民族大学2009年博士学位论文。
[6] 黄保勇:《未注册商标的法律保护研究》,西南政法大学2012年博士学位论文。
[7] 李晓民:《地理标志法律保护机制研究——以景德镇地理标志为例》,中国政法大学2005年博士学位论文。
[8] 李华威:《知识产权优势的理论与实证研究》,武汉理工大学2007年博士学位论文。
[9] 李珍權:《未注册驰名商标法律保护机制研究》,厦门大学2018年博士学位论文。
[10] 徐聪颖:《论商标的符号表彰功能》,西南政法大学2011年博士学位论文。
[11] 杨晓玲:《商业标识权利冲突法律问题研究》,西南政法大学2016年博士学位论文。
[12] 杨建锋:《论TRIPS协定下商标注册制度》,复旦大学2009年博士学位论文。
[13] 张术麟:《企业商业标记权法律保护问题研究》,中央民族大学2006年博士学位论文。
[14] 张体锐:《商标法上的混淆可能性研究——以多因素检测方法为视角》,西南政法大学2012年博士学位论文。
[15] 曾友林:《中国商标法制近代化研究》,西南政法大学2019年博士学

位论文。

二、外文类

(一) 著作类

[1] 萩原長武、劉新宇監修、金明煜訳:《中国知的財産制度の発展と実務:中国知的財産制度20周年記念論文集》,経済産業調査会,2005年。

[2] 山田勇毅:《中国知財戦略:イノベーションの実態と知財プラクティス》,白桃書房,2016年。

[3] 小林慶基、後藤晴男:《日中商標保護協定:日中商標保護協定と中国商標制度の解説》,発明協会,1978年。

[4] MaryHufford (eds.), *Conversing Culture: A New Discourse on Heritage*, Chicago: University of Illinois Press, 1994.

[5] Silverman, & D. F. Ruggles (eds.), *Cultural Heritage and Human Rights*, Berlin: Springer, 2007.

(二) 期刊类

[1] Janet Blake, "On Defining the Cultural Heritage", *International and Comparative Law Quarterly*, Vol. 49, No. 1 (2000).

[2] Janet Blake, "Seven Years of Implementing UNESCO's 2003 Intangible Heritage Convention-Honeymoon Period or the 'Seven-Year Itch'?", *International Journal of Cultural Property*, Vol. 21 (2014).

[3] Kurin Richard, "Safeguarding Intangible Cultural Heritage in the 2003 UNESCO Convention: a Critical Appraisal", *Museum International*, Vol. 56, No. 1-2 (2010).

[4] Kurin Richard, "Safeguarding Intangible Cultural Heritage: Key Factors in Implementing the 2003 Convention", *International Journal of Intangible Heritage*, Vol. 2 (2007).

[5] 生越由美(日):《中国の農林水産分野のブランド保護制度:商標法と地理的表示制度を中心に》.日中経協ジャーナル,2017年8月。

附 录

民族特色商标注册使用情况调查

您好！非常感谢您抽出时间完成这份问卷。为了能切实了解民族地区具有民族特色商标的注册与使用情况，了解对商标的设计、申请及对商标的认识，围绕"民族特色"为主题，开展此次对商标的问卷调查，请您根据实际情况如实地选择。再次致谢。祝您快乐康健，万事如意！特别提示：

本次问卷没有对错，您认为选项多个，可选多项。本次调研获取的数据仅用于学科研究，再次感谢您的支持！

1. 您的国籍是：[单选题] *
○ 中国
○ 蒙古国

2. 您的性别是 [单选题] *
○ 女
○ 男

3. 您的民族是 [填空题] *

4. 您的年龄是 [单选题] *
○ 20-30

○ 30-40

○ 40-50

○ 50-60

○ 60 岁以上

5. 您的学历是 ［单选题］ *

○ 小学及一下

○ 中学

○ 高中

○ 大学

○ 硕士

○ 博士

6. 您从事生产经营工作吗？［单选题］ *

○ 是

○ 否

7. 您是商标代理机构的工作人员吗 ［单选题］ *

○ 是

○ 否

8. 您的所在地 ［填空题］

_____

9. 您的经营范围是 ［填空题］

_____

10. 您申请商标了吗？［单选题］ *

○ 是

○ 否

11. 您申请的商标标志是 ［单选题］ *

○ 通用文字

○ 民族文字

○ 图形

○ 传统人物

○ 地理标志

○ 图腾标志

○ 颜色组合

○ 非物质文化遗产

○ 上述一种或两种以上标志组合

○ 其他

12. 您注册的商标在使用吗？［单选题］ *

○ 是

○ 否

13. 您的商标是驰名商标吗？［单选题］ *

○ 是

○ 否

14. 您的商标标志是自己设计的吗？［单选题］ *

○ 是

○ 否

15. 您设计商标标志时使用下列元素吗？［多选题］ *

□ 通用文字

□ 民族文字

□ 民族的图腾、符号

□ 传统人物

□ 传统名号

□ 数字

□ 地理标志

☐ 地名

☐ 非物质文化遗产

16. 您的商标申请方式是［单选题］*

○ 个人（自己）申请

○ 通过商标代理机构申请

17. 您与商标代理机构是通过什么方式联系的？［多选题］*

☐ 电话

☐ 网络

☐ 当地有机构

18. 商标代理机构有民族工作人员接待吗？［单选题］*

○ 有

○ 没有

19. 您的商标因不使用被撤销过吗？［单选题］*

○ 有

○ 没有

20. 您遇到过商标纠纷吗？［单选题］*

○ 有

○ 没有

21. 您可以留下联系方式吗？［填空题］